Traumzeitpfade

schamanische Seelenfindung auf magischen Wegen in der Natur

Autor: Wolf E. Matzker
Geschrieben: 2012-2013
Herstellung und Verlag: BoD - Books On Demand, Norderstedt
ISBN: 9783741289699
identisch mit der ersten Auflage

Traumzeitpfade

schamanische Seelenfindung auf magischen Wegen in der Natur

auf dem magischen Weg der Traumzeit

Inhaltsverzeichnis:

1.	Einleitung	S.	6
2.	Ein Modell des magischen Weges	S.	10
3.	Archetypen des Wanderers	S.	14
4.	Wandern und schamanische Reisen	S.	19
5.	Magische Wege und Naturreligion	S.	21
6.	Die Geheimnisse der Naturtempel	S.	23
7.	Worauf es ankommt – in Kürze	S.	24
8.	Das Tao – der mystische Weg	S.	25
9.	Magische Wege im Harz und anderswo	S.	26
10.	Magische Wege am Meer	S.	85
11.	Magische Wege in der näheren Umgebung	S.	100
12.	Die Geister des Meeres	S.	116

Erklärungen:

Ordnungssysteme	S.	27
Geheime Orte	S.	33
Was ist eigentlich ein schamanischer Berg?	S.	40
Indianische Natur	S.	46
Wege und Rituale	S.	53
Magische Wege und Einsamkeit	S.	61
Was ist eigentlich das Echte?	S.	83
Die nähere Umgebung	S.	101

Was sind magische Wege?
Was bedeutet Seelenfindung?

Magische Wege sind keine Spazierwege und keine Wege für die Mehrzahl der Menschen, sondern es sind Wanderwege ins Innere der Natur, ins Herz der Natur. Wenn man sie richtig geht, dann geht man in die Tiefe, in die Tiefe der Natur und in die Tiefe der Seele gleichermaßen.

Sie sind magisch, weil sie uns mit dem archaischen, archetypischen Unterbewusstsein verbinden. Mit dem Bewusstsein der Erde und des Kosmos.

Magische Wege sind Pilgerwege in die Anderswelt.

Es sind Traumpfade des fühlenden Herzens und des suchenden Waldläufers, der uraltes Wissen und zeitlose Weisheit sucht, wofür es keine Wörter gibt, sondern nur Bilder, Metaphern, Zeichen, Symbole.

Es ist nicht wichtig, ob hier auch andere Menschen langgehen oder nicht, wichtig ist, was du siehst, was du fühlst, erkennst, spürst und ahnst. Auch die Länge des Weges oder die Höhendifferenz ist nicht wichtig. Wichtig sind allein deine spirituellen Erfahrungen und Erkenntnisse, für die du offen sein musst.

Seelenfindung heißt ganz einfach, das wahre Wesen der eigenen Seele zu finden. Orte aufzusuchen, an denen die Seele aufblühen kann, an denen sie sich entfalten und als eine Art von Schmetterling über die Wiese ins Licht fliegen kann.

Man könnte vielleicht auch von Selbst-Findung sprechen, allerdings scheint mir dieser Begriff zu sehr das Konzept eines fertigen Selbst zu implizieren. Aus meiner Sicht sind weder das Selbst noch die Seele fix und fertig, sondern sie befinden sich in einem Entwicklungsprozess, sofern man lebendig ist und diesen auch zulässt.
„A.H. Maslow spricht von „Selbstaktualisierung". Der Mensch wird als

Potential geboren. Er hat sich in Wirklichkeit noch nicht aktualisiert, sondern er ist nur potentiell da. Der Mensch wird als Möglichkeit, nicht als Aktualität geboren. Er kann etwas werden. Er kann die Verwirklichung seines Potential erreichen – oder auch nicht." (Osho, S.248)

„Selbstverwirklichung bedeutet also, daß der Mensch das geworden ist, zu dem er bestimmt war. Er wurde als Same geboren, und nun ist er aufgeblüht. Er hat die Fülle seines Wachstums erreicht, ist ans innere Ziele gelangt. Im gleichen Augenblick, da du fühlst, daß sich dein gesamtes Potential verwirklicht hat, erlebst du den Gipfel des Lebens, der Liebe, der Existenz." (Osho S.249)

Ich halte es für richtig, davon auszugehen, dass es eine innere Bestimmung gibt, dass man also ein Ziel in sich trägt, dass es zu verwirklichen gilt (Entelechie). Jeder Mensch hat somit einen Samen in sich, den er zur vollen Entfaltung bringen kann und sollte. Der Gipfel ist dann die vollkommene Entfaltung. Das „Gipfelerlebnis" (so nennt es Maslow) ist dann die Vollendung des eigenen Seins, das höchste Glück der eigenen Existenz.

Den Begriff der Seelen-Findung sehe ich offener. Es ist vorher nicht klar, nicht in jeder Hinsicht vorherbestimmt, was sich entwickeln kann. Somit gibt es eine Offenheit für das tatsächlich Neue, das Ungewöhnliche.

Geht man einen magischen Weg, dann kann man auf diesem Teile seiner Seele finden, neue Teile, neue Seiten. Neue Blumen, neue Steine, neue Bäume und neue Wolken. Die Welt kann und sollte jeden Tag neu sein. Sie ist es sogar, wenn man dafür offen ist. Die sogenannte Schöpfung ist nicht abgeschlossen, wie uns die Bibel suggerieren will, sondern sie ist ein nicht abgeschlossener Evolutionsprozess. Das gilt für den Mikrokosmos, das gilt für den Makrokosmos, das gilt für die Menschheit, das gilt für das einzelne Individuum.

Wenn man offenen Geistes über eine Sommerwiese geht, dann kann einem vieles begegnen. Vielleicht entdeckt man die Seele der Flockenblume in sich oder die Seele eines kleinen Tagpfauenauges. Man nimmt gewissermaßen neue Teile der Seele in sich auf. Man findet neue Seelenanteile und alte, verbrauchte Teile mag man in den Wind schicken. Das ist ein innerer Wachstumsprozess. Er ist immer neu, er ist immer anders. Das ist ja gerade das Schöne und Lebendige, dass er immer neu und anders ist.

Wenn man wie ich spirituelle Bereiche und Grenzbereiche des Bewusstseins erforscht, bekommt man von manchen Menschen den Vorwurf zu hören, man wäre ja noch auf der Suche und noch nicht bei der Wahrheit angekommen. Was immer als diese Wahrheit bezeichnet werden mag, sie ist insofern falsch, als sie einen Prozess und Fluss des Lebens abblocken und beenden will. Wer meint, er hätte die Wahrheit gefunden, hat sie mit Sicherheit nicht gefunden, dabei ist es egal auf welche Ideologie, Philosophie, Religion oder Wissenschaft er sich berufen mag. Die Wahrheit ist kein Ding, kein festgelegtes System, keine fixe Struktur, kein starres Modell, kein Gesetz, kein Katalog von Geboten und Verboten, kein unveränderliches Paradigma etc.

Wir leben in einem lebendigen Universum. Ein lebendiges Universum schafft immer wieder etwas Neues. Ein lebendiges Universum ist ein lebender Organismus, der sich unterschiedlich entwickeln kann, der offen für ganz Neues und auch Ungewöhnliches ist. Das Unberechenbare und Unkontrollierbare, das Flexible und Fließende gehört nicht nur zur Welt, es ist die Welt. Sie ist die permanente Metamorphose.

Die Welt ist nicht nur das, was ist, sondern vor allem auch das, was sich bewegt. Weil sich alles bewegt, ist am Ende nichts tot. Für uns Menschen allerdings schon, wenn unsere Zeit abgelaufen ist. Aber das Leben fließt weiter. Der Fluss fließt weiter. Die Wolken ziehen weiter über den Himmel der Erde und die Ströme der Meere fließen weiter um die Erde herum. Es geht und wird immer weiter gehen, ob wir da sind oder nicht, ob die Menschheit da ist oder nicht. Leben und Bewusstsein waren schon sehr lange vor dem Menschen da. Sie werden lange nach ihm da sein und sich weiter auf ihre Weise entwickeln und entfalten.

Das väterliche Gotteskonzept eines allmächtigen Herrn ist schon lange überholt. Schon im neuen Testament ist vom Geist als einem unberechenbaren Wind und universeller Liebe (agape) die Rede, was schon deutlich lebendiger und flexibler ist als die alten law-and-order-Konzepte. Es hat aber noch nicht die globale Multidimensionalität und Flexibilität der heutigen Zeit. Hochkomplexe und multidimensionale Konzepte fallen den meisten Menschen sehr schwer. Sie bleiben lieber bei alten, einfachen Modellen stehen, die sie dann gerne als die sogenannte Wahrheit verkaufen.

Eine Seele, die mit der permanenten Metamorphose der Welt in Einklang schwingt oder dieses anstrebt, sucht die entsprechenden Erfahrungen, z.B. auf magischen Wegen ins pulsierende Herz der Natur.

Ein Modell des magischen Weges

Für ein archetypisches Modell des magischen Weges nehme ich einen Weg, der sich in der Nähe meines Wohnortes befindet. Damit will ich zum Ausdruck bringen, dass wir nach einem magischen Weg nicht unbedingt in einer ganz besonderen, touristisch attraktiven Gegend suchen müssen. Der magische Weg kann auch vor der Haustür beginnen.

Der Ausgangspunkt

Wir können den Weg überall beginnen. Wir können ihn, wie gesagt, auch vor der eigenen Haustür beginnen. Viele Wege beginnen wir vermutlich auf einem Parkplatz. Das ist in der heutigen Zeit nun einmal so. Den Parkplatz kann man, wenn man aufmerksam ist, bereits als einen besonderen Punkt des Weges begreifen. Am Ausgangspunkt planen wir unseren Weg. Wir überlegen, wie lange wir gehen wollen, was unser Ziel ist etc. Ein Plan ist nur ein Plan, den wir erfüllen können, aber nicht müssen.

Die Formen des Weges

Es gibt viele Formen des Weges. Breite Forstfahrwege, ganz schmale Pfadspuren durchs Gras oder durch den Wald. Jede Form können wir deuten. Schauen wir auf den Boden, können wir den Asphalt betrachten – oder den Schotter. Die Wurzeln der Bäume – oder das Gras. Die Steine – oder den Sand. Alles kann man betrachten, alles kann einen Sinn für uns haben.

Die Blumen des Weges

Am Rande des Weges können sich viele Blumen befinden. Uns mag das gelbe Labkraut auffallen, die hellblaue Wegwarte, die weiße Schafgarbe, die violette Flockenblume, die violette Distel, die zinnoberrote Mohnblüte, die rosafarbene Malve, das gelbe Kreuzkraut und vieles mehr. Vielleicht fällt uns an einem Tag besonders eine Blume ins Auge, z.B. die Malve. An einem Tag mag sie uns besonders ansprechen, an einem anderen Tag weniger. Jede Blume hat ihre Zeit. Im Hochsommer findet man keine Blüten des blauen Wiesensalbeis.

Die Tiere des Weges

Wir müssen keine großen Tiere erwarten. In meiner Heimatgegend grasen keine Büffel, auch wenn sie hier im Urstromtal durchaus grasen könnten. Aber es gibt hier keinen Landwirt, der Büffel züchtet. Es muss auch nicht unbedingt ein Rehbock, ein Fuchs oder ein Dachs sein. Es können auch drei tanzende Schmetterlinge sein, drei Kohlweißlinge. Es kann auch ein kleiner Käfer sein, der aufgeregt über den Weg läuft oder eine huschende Maus, die wir eher als dunklen Schatten wahrnehmen. Ein kreisender Bussard oder eine singende Lerche hoch im Himmel sind immer ein Erlebnis.

Die Zeichen am Himmel

Wir mögen beim Laufen auf den Boden schauen, weil der Weg vielleicht zu feucht ist und wir aufpassen müssen, dass wir nicht in eine Pfütze latschen. Bleiben wir dann stehen und schauen in den Himmel, dann mögen wir an den Großen Geist denken und sehen einen Wolkenengel am Himmel schweben. Am Himmel gibt es oft magische Zeichen zu entdecken!

Die Bedrohung

Irgendeine Bedrohung mag es immer geben. Der Weg an sich mag gefährlich sein, indem er durch einen Wald führt, in dem es viele Wildschweine gibt. Es mögen auch Menschen sein, die uns bedrohen oder von denen wir uns bedroht fühlen. Man muss immer aufpassen. Erscheint am Horizont eine gigantische Gewitterwolke, dann stellt sich gleich die Frage, ob wir rechtzeitig einen Schutzort erreichen können.

Der magische Baum

Auf vielen Wegen erreichen wir einen magischen Baum oder passieren einen. Dieser Baum kann unser Zielpunkt sein oder der Wendepunkt unseres Weges. Wir können mit dem Baum kommunizieren, einen Gebetsfaden in einen der Zweige hängen oder uns einfach unter ihm ausruhen.

Die Botschaften des Weges

Vielleicht sollten wir nicht die große Botschaft erwarten, die einzige Botschaft. Es können nämlich viele sein. Viele kleine Botschaften, die zusammen ein Bild ergeben. Wir müssen sie auch nicht in ein Wort oder in einen Satz packen können.

Der Blick in die Ferne

Der Blick in die Ferne wird immer bleiben. Er gehört zum Weg. Immer gibt es einen Blick auf einen fernen Berg, einen fernen Wald, auf den Horizont, auf die Zukunft. Wir wandern in unserem Leben nur ein Stückchen über die Erde und schauen in die Ferne. Dann kommt die Nacht und wir sind wieder fort.

Trance – sich ganz vergessen

Je länger man wandert, desto mehr kann man in eine Trance geraten. Ich habe die Erfahrung gemacht, dass ich oft nach circa einer Stunde in einer Trance bin. Dann bin ich ganz der *walking Indian*. Dann bin ich in einer anderen Dimension und habe mein altes Ich mehr oder weniger vergessen. Mein Rücken mag schmerzen, aber mein altes Ich ist fortgeweht.

Der Zielpunkt

Steuern wir einen Berggipfel an, dann ist dieser unser Zielpunkt. Vielleicht haben wir uns ja vorgenommen, ihn auf jeden Fall zu erreichen.

Wir können aber auch einfach in die Gegend hinaus wandern und haben unseren Zielpunkt erreicht, wenn wir einfach das Gefühl haben. Das mag bei einem Baum sein, einem besonderen Stein, einem Wegkreuz etc.

magische Birke, Zielpunkt des Traumzeitpfades

Archetypen des Wanderers

„Wandering in nature is perhaps the most essential soulcraft practice for contemporary Westerners who have wandered so far from nature. Earth speaks to us with a manner and might unlike anything in town. What nature has to say is the necessary complement to what we hear all day long from news, ads, and social chatter. To save our souls, we need nature's news." (Plotkin, S.279)

Der Wanderer ist unterwegs zwischen einem Ort der Herkunft und einem Ziel. Er ist in Bewegung und sein Leben ist während des Wanderns die Bewegung. Sein Sein, sein Dasein ist sein Unterwegs-Sein. Der heutige Mensch ist kein Wanderer mehr. In den meisten Fällen sitzt er an einem Ort und bleibt dort sitzen. Er ist zu einem Sitz-Mensch geworden, während er in der Steinzeit vor allem ein Lauf-Mensch gewesen war. Die anthropologische Konstante des Laufens ist natürlich auch heutzutage noch vorhanden, aber weder der Jogger noch der Spaziergänger sind echte Wanderer. Ersterer hat seinen Fitnesszwang, wofür ist ihm eigentlich egal, denn er jagt kein Wild und flieht vor keinen Feinden. Letzter lustwandelt ein wenig herum, im Schlosspark oder auf einer Strandpromenade mit einem Eis in der Hand.

Die Begriffe und Unterteilungen hier sind nur als ein Versuch zu sehen. Sie sollen keine definitive Festlegung und Abgrenzung sein, sie sollen uns etwas bewusst machen. Mir geht es nicht um Begriffsdefinitionen oder Begriffszuordnungen, sondern um lebendige Entwicklungsprozesse des Bewusstseins, der Spiritualität.

Bill Plotkin geht in seinem Buch „Nature and the Human Soul" von einem Kreismodell aus, bei dem der „Wanderer" eine Position (Stufe 4) auf dem Weg zum Weisen (Stufe 8) einnimmt. Er nennt die Stufe 4 *late adolescence* und die Stufe 8 *late elderhood.* Plotkins Modell der Archetypen (auf S.60 der amerikanischen Ausgabe findet sich eine tabellarische Übersicht der acht Stufen; aber auch auf der Homepage von ihm) halte ich für richtig. Ich gehe allerdings bei meinem Konzept davon aus, dass es den „Wanderer" in jedem Alter gibt, nicht nur als Durchgangsstadium einer Entwicklung, wie es von vielen in dieser Gesellschaft gesehen wird (nicht von Plotkin). Die meisten Menschen gehen davon aus, man könne und dürfe sich in seiner Jugend auf Wanderschaft und Suche befinden, sich in diesem Alter entwickeln. Dann müsse man aber bitte seinen Weg gefunden haben und eine weitere Entwicklung sei nicht mehr notwendig. Davon halte ich gar nichts. Warum sollten Menschen mit über vierzig, mit über sechzig oder siebzig nicht noch ganz neue Pfade des Lebens erkunden? Was spricht dagegen? Eigentlich nur ein starres Menschenbild, das davon ausgeht, man habe einen Charakter, eine Rolle, eine Position, eine Konfession etc., und die bleibe so und würde sich nicht ändern. Wer sich entwickelt, ändert sich. Wer magische Wege verfolgt, ändert sich und will sich ändern. Ich sehe den „Wanderer" also in diesem Sinne. Wer sich nicht ändern will, kann auch zuhause bleiben und Fernsehen schauen.

Der Pilger

Der Pilger hat ein spirituelles Ziel. Hoffentlich ist es echt und nicht nur eine Modeerscheinung oder ein Gruppenzwang. Hoffentlich sucht er wirklich das Höhere, das Jenseitige, Gott. Er mag es an bestimmten Orten suchen, eine bestimmte Wallfahrtsstätte anzielen. Aber das ist eigentlich egal, denn wenn er wirklich spirituell ist, dann sucht und findet er es überall. Gott in der Kirche suchen, darüber konnten die Indianer nur lachen. Der Große Geist in einem Haus aus Stein, wo man den Himmel nicht sehen kann. Zum Himmel beten, ohne dass man auf einem Hügel oder Berg steht, für den indianischen Menschen ist das lächerlich. Der indianische Mensch oder allgemein der Mensch der tiefen Naturverbundenheit sucht den Großen Geist in der wilden Natur. Er will sich selbst eher vergessen und ganz in eine tief empfundene Verbundenheit mit dem Großen Geist treten.

Der Pirscher

Der Pirscher sucht Beute. In der heutigen Zeit vor allem im übertragenen Sinn, also kein Reh und kein Wildschwein. Dann wäre er nur ein ordinärer Jäger. Der archetypische Pirscher sucht etwas Wertvolles. Vielleicht einen Kraftplatz oder einen verborgenen Kultplatz der Ahnen, vielleicht einen heiligen Baum, einen heiligen Hain, vielleicht einen ganz neuen Weg in der wilden Natur.

Der Feldforscher

Unter einem Feldforscher verstehe ich jemanden, der die Natur im Allgemeinen und eine bestimmte Region, einen bestimmten Weg genau untersuchen und erfassen möchte. Deshalb interessieren ihn auch Flora und Fauna, die Geologie und das Klima. Zusätzlich zu den Tatsachen geht es bei dieser Forschung aber auch um die subjektive, die emotionale, die spirituelle, die persönliche Seite. Erst dadurch wird Forschung ganzheitlich. Es wandert kein Roboter durch die Natur, sondern ein denkender, fühlender und ehrfürchtiger Mensch.

Ein ganzheitlicher Feldforscher geht von einem Weltbild aus, in dem es auch eine geistige und spirituelle Dimension gibt, und zwar unabhängig vom menschlichen Bewusstsein. Nach dem schamanischen Weltbild ist alles miteinander verbunden und verwoben, nicht nur materiell und einfach ökologisch, sondern auch spirituell und tiefenökologisch.

„However understood and embodied, a personal relationship with spirit cultivates humility, a sense of meaning and love in the hidden heart of the universe, a bone-deep knowing that one is an integral member of an evolving cosmos. We are inspired to create a life founded on a sense of interconnectedness and interdependence with all." (Plotkin, S.286)

Die Art der Spiritualität des Feldforschers, wie ich ihn verstehe, ist holistischer Natur. Das Göttliche ist in der Natur integriert, also nicht in Distanz oder Dualismus zur Natur zu sehen. Die Demut (humility) bedeutet hier, dass man Teil der Erde ist, ein Kind von Mutter Erde und sich entsprechend zu verhalten hat. „Interconnectedness und interdependence" werden nicht als abstrakte Elemente eines Mechanismus gesehen, sondern als Charakteristika eines lebendigen Wesens, eben Mutter Erde.

Der Weltenwanderer

Der Weltenwanderer will Erfahrungen machen, welche auch immer. Er ist offen für Neues, für neue, ungeahnte Dinge und Sichtweisen. Er hat kein Ziel, er kommt niemals an ein endgültiges Ziel. Er wandert immer weiter und wird immer weiter wandern.

Der Waldläufer

Der Waldläufer kennt und liebt den Wald, je natürlicher gewachsen und je unberührter er ist, desto besser. Der Waldläufer hasst die Holzfäller, die für ihn nur dreinschlagen und zerstören. Sie vernichten das feine, subtile Gewebe der Pflanzen, von dem sie keine Ahnung haben. Sie hinterlassen große Fahrspuren mit ihren Fahrzeugen im weichen Waldboden. Die zarten Feenwege erkennen und beachten sie nicht. Der echte Wald – also nicht das Holzlager oder der angeblich nachhaltig bewirtschaftete Wald – ist die Gegenwelt zur Zivilisation. Er ist der Dschungel, die grüne Pflanzenwelt mit unendlich vielen Formen und Farben des Lebens. Der Waldläufer taucht wie der Amazonasindianer ganz in diese Welt ein.

Der Dreamtime-Walker

Der Dreamtime-Walker lebt in einer anderen Zeit. Wenn man lange gelaufen ist, wenn die Sonne intensiv scheint und wenn die klimatischen und sonstigen Umstände entsprechend sind, kann man beim Laufen plötzlich in eine ganz andere Zeit rutschen, eben in die Traumzeit. Man ist dann schlagartig nicht mehr der moderne Mensch, sondern wieder der wandernde Mensch der Steinzeit. Man kann es sich so vorstellen, als würde durch das Laufen und die damit verbundenen Erlebnisse plötzlich ein älteres, ein archaisches Bewusstseinsprogramm aktiviert werden.

Der Night-Walker

In der Stadt ist nachts viel los. Man sieht Leute, die man tagsüber nicht sieht. Überall ist Licht, überall ist Aktion. Völlig anders und total ungewohnt ist es auf dem Lande und in der Wildnis nachts unterwegs zu sein. Der Night-Walker läuft wie der Dreamtime-Walker in einer anderen Zeitdimension, bei der natürlich das Erlebnis der Nacht eine zentrale Rolle spielt. Die Welt der Dunkelheit, der unendliche Kosmos der Sterne, die Tiere der Nacht, die Stimmen, die Geräusche, das Licht, alles hat eine andere Qualität als am Tage. Was man am Tage alles nicht sehen, nicht spüren, nicht fühlen, nicht riechen, nicht ahnen kann, das kann man erst in der Nacht. In der Nacht ist der Tod zuhause, aber auch das neue Leben. Die Nacht, das ist die Welt der Träume, der Urängste, der Seele, der Ahnungen. Die Phasen der Nacht, von der Abenddämmerung bis zur Morgendämmerung, sind die Phasen der eher unbewussten Seite der Realität und schlussendlich des Totenreiches. Beim Laufen in der Nacht kann man das erfahren.

Der Visionssucher

Der Visionssucher ist unterwegs mit einem Ziel. Eine besondere Erscheinung, eine besondere Erkenntnis, eine neue, wichtige Botschaft, das ist es, was er sucht. Für sich selbst, aber vor allem für die Gemeinschaft. Heilende Medizin für den Stamm. Eine Vision ist nicht nur ein großartiges Bild, ob nun mehr innerlich oder als äußere Erscheinung wahrgenommen, sondern es geht um die Aussagekraft und die Relevanz für das Leben und die Gemeinschaft. Es mag sich zunächst auf ihn selbst beziehen, am Ende jedoch ist es wichtig, dass es den anderen etwas zu sagen hat.

Der Wanderer als Weiser

Als ein Weiser gilt allgemein derjenige, der am Ende des Weges, des Lebensweges angekommen ist und der nun die Weisheit erlangt hat. Bei diesem Konzept geht man davon aus, dass es Phasen gibt, die man durchläuft und die man schließlich alle hinter sich lassen kann. Das ist zwar durchaus richtig, allerdings kann man den Wanderer auch so verstehen, dass man als Weiser immer noch wandert, immer noch unterwegs ist, immer noch Erfahrungen machen kann und macht.

Der spirituelle Wanderer kommt niemals an ein Ziel, er ist vielmehr immer in der Bewegung, immer auf dem Weg zum Großen Ganzen, zur Göttin, zum Universum, in das er erst nach seinem körperlichen Tod völlig eingehen kann. Solange man physisch lebt, kann und sollte man sich bewegen, und das nicht nur ein wenig körperlich. Weisheit besteht nicht allein in Ergebnissen, die man aufgrund von Studien und Lebenserfahrungen erworben hat, sondern auch in einer lebendigen, offenen, niemals endenden geistigen Bewegung.

Der Wanderer, wie ich ihn hier verstehe, lebt das Konzept einer *living wisdom*. So ist dieser Wanderer immer offen für neue Bilder, neue Ideen, neue Blumen am Wegesrand und vieles mehr. Selbst wenn er jeden Tag den selben Weg (z.B. 2 oder 5 Kilometer) gehen sollte, wie ein Zen-Mönch, dann kann er auf diesem Weg jeden Tag die Natur neu erleben. An jedem Tag wird das Leben neu geschaffen. Die Schöpfung ist kein einmaliger Akt, sondern ein permanenter Prozess. Das entspricht den Beschreibungen der modernen Naturwissenschaften.

Wandern und schamanische Reisen

Das Wandern und die sogenannten schamanischen Reisen kann man als Gegensatz sehen. Das eine findet in der alltäglichen Wirklichkeit statt, das andere in der nicht-alltäglichen. Der Gegensatz besteht natürlich.

Wandern praktiziert man draußen in der Natur, schamanische Reisen werden mit der Trommel in einem geschlossenen, abgegrenzten Raum durchgeführt. Oft ist in Bücher von „Wegen", „Pfaden" etc. die Rede. Vieles erscheint mir leider sehr abstrakt und naturfern. Mir gefällt die reale, die wilde Natur. Dort sollten wir praktizieren. Dort sollten wir sein.

Das Wandern in der Natur kann durch Intensität bis hin zur Trance eine ganz andere als die normal übliche Qualität bekommen. Dann wandert man nicht mehr nur in der normalen Wirklichkeit, sondern in einer magischen, mythischen, symbolischen, komplex vernetzten Wirklichkeit, in der es die üblichen Abgrenzungen und Einteilungen nicht mehr gibt.

Das ist eine Sache des Erlebens. Man muss es erleben und erfahren, dass der äußere Weg gleichzeitig ein innerer Weg ist, dass die äußeren Zeichen, Dinge und Ereignisse gleichzeitig eine innere Qualität besitzen. Das Äußere ist dann auch das Innere, und umgekehrt. In diesem universellen Einheitserlebnis gibt es keine Grenzen mehr. Man lebt und ist in der Dimension *beyond normal borders*.

Das ist kein pathologischer Zustand, wie traditionelle Psychologen vermutlich immer noch meinen, sondern eine andere Seinsform, die vom Bewusstsein willentlich gesteuert wird. Wenn und solange es nötig und sinnvoll ist, wandert man in dieser Seinsform. Wenn es nicht mehr notwendig ist, dann schaltet man einfach um. Man muss somit über die Kompetenz des Umschaltenkönnens verfügen, die man durch schamanisches Training lernen kann.

Magische Wege und Naturreligion

Es gibt in der heutigen Zeit kein festgelegtes System der Naturreligion. Wer sollte es auch festlegen? Es gibt auch keinen Stamm, für den man das leisten könnte. Es gibt eine multikulturelle Gesellschaft und das heißt, dass wir eine multispirituelle Situation haben. Konservative und fundamentalistische Personen hätten es gerne anders, aber wir leben heute in einer globalen Situation.

Eine moderne Naturreligion wird immer offen, vielseitig, vielschichtig, komplex, ökologisch und ganzheitlich sein. Sie wird die Natur in ihrer Ganzheit achten und lieben, und sie nicht dämonisieren und schon gar nicht zerstören. Es gibt sicher einige Merkmale, die sich bei jedem Vertreter dieser spirituellen Richtung mehr oder weniger finden lassen:

- die Verehrung der Elemente
- die Verehrung von Sonne, Mond und dem Universum
- die Verehrung der Naturgeister
- die Verehrung von heiligen Bergen, Bäumen, Steinen etc.
- Achtung und Ausgewogenheit des Weiblichen und Männlichen, von Yin und Yang
- Verwendung von Kreismodellen
- Ablehnung jeder Form von Dogmatik
- Betonung des individuellen Weges
- Achtung und Wertschätzung der Tier- und Pflanzenwelt
- natürliche Rituale in und mit der Natur
- Arbeit mit Kraftplätzen in der Natur
- das Hüten von heiligen Plätzen
- die Feier der Vielfalt eines natürlichen Lebens
- der Glaube an eine schöne, harmonische Erde

Ich beanspruche hier keine Vollständigkeit und ich denke auch, dass sie gar nicht notwendig ist, weil es nur darauf ankommt, in etwa die Richtung zu verstehen. Ob man diese mit Elementen aus anderen, allgemein bekannten Religionen verbindet oder nicht, das kann jeder für sich selbst entscheiden.

Auf den magischen Wegen kann man die genannten Elemente leben und verwirklichen. Somit ist jeder Weg ein spiritueller Weg, jeder Weg eine Art von Ritual, mit jeweils unterschiedlichen Akzenten.
Magische Wege führen zum eigentlichen Wesen der eigenen Persönlichkeit und darüber hinaus immer ins Herz der Natur.

Hinweis zu den „Gedichten"

Die „Gedichte" des Buches müssen als Kraftlieder verstanden werden. Man muss sie entsprechend lesen. Man muss sich dabei vorstellen, als wäre man auf dem Weg und als würde man die einzelnen Zeilen denken, fühlen, spüren, erfahren und erleben.

Man muss sie unbedingt langsam lesen. Meditativ.

Ab und zu verweilen.

Ganz wie auf einem realen Weg in der Natur.

Die Geheimnisse der Naturtempel

Um es gleich zu sagen, ich werde die Geheimnisse nicht preisgeben.

Es gibt Bücher und Filme, die damit werben, dass sie die letzten Geheimnisse mitteilen. Das reizt manche Leute. Es passt in die moderne Zeit, in der alles analysiert, alles genutzt, ausgenutzt und ausgebeutet wird, in der nichts wirklich in Ruhe gelassen wird. Naturschutzgebiete sind oft Alibi und bloßer Schein. Ranger und Biologen wollen kontrollieren, Staaten und Gemeinden Werbung machen. Der naturmystische Wanderer sucht zwar auch verborgene, „geheimnisvolle" Plätze auf, aber er will dort nichts gleichsam wie einen Schatz erobern, sondern er sucht Plätze für seine andächtige Verehrung der Heiligen Natur.

Das Geheimnisvolle muss geheimnisvoll bleiben. Es muss geschützt werden. Weder der Wegweiser noch der Weg sind das Ziel, das Ziel ist die Andacht, die man im Tempel der Natur verrichtet. Das kann während des Weges oder am Ende des Weges geschehen. Das kann am markanten Punkt passieren, also auf dem Berggipfel oder bei einem großen Baum, aber es kann auch unterwegs an einem eher unscheinbaren Platz geschehen, an dem die anderen einfach vorbeilaufen.

Das Geheimnisvolle ist das Mysterium der Wahrheit der Natur, der Wahrheit des Lebens und Sterbens. Es lässt sich nicht mit dem Verstand erfassen oder einem allzu menschlichen Gefühl. Man muss es geschehen lassen und empfänglich dafür sein, dass es einem geschieht. Man muss sich rufen und finden lassen. Ohne diese innere Offenheit und Bereitschaft funktioniert es nicht.

Worauf es ankommt

Worauf es nicht ankommt:

- es müssen keine bekannten, berühmten Wege sein
- es müssen keine Wege in Arizona, Australien, Tuva, Bali oder in anderen fernen Gegenden sein
- es sollte keine Show mit Sensationen sein
- es müssen keine langen Wege sein: ein paar hundert Meter können schon sehr sinnvoll sein
- es müssen keine markierten Wege sein

Worauf es tatsächlich ankommt:

- es kommt auf die Gesinnung, die Liebe zur wilden Natur an
- besser allein gehen, damit man sich auf die Natur und seine Erfahrungen konzentrieren kann
- Achtsamkeit auf den Wegen ist wichtig
- die eigene, leicht erreichbare Gegend ist wichtig
- am besten, wenn man den Weg jeden Tag gehen kann, ohne dass man vorher Auto oder Fahrrad benutzen muss
- die geistige, spirituelle Offenheit ist zentral
- sich von Instinkt und Intuition führen lassen
- der inneren Stimme folgen, dem Ruf eines Vogels
- die Achtung und Verehrung der Natur sollten gelebt und praktiziert werden, also kleine Rituale vor, auf und nach dem Weg gestalten
- auch der magische Weg ist nicht nur ein Weg zu sich selbst, sondern zum Großen Ganzen, zur Göttin des Lebens

Das Tao – der mystische Weg

Könnten wir weisen den Weg,
es wäre kein ewiger Weg.
Könnten wir nennen den Namen,
es wäre kein ewiger Name.

Was ohne Namen,
ist Anfang von Himmel und Erde;
was Namen hat,
ist Mutter den zehntausend Wesen.

Wahrlich:
wer ewig ohne Begehren,
wird das Geheimste schauen;
wer ewig hat Begehren,
erblickt nur seinen Saum.

Diese beiden sind eins und gleich.
Hervorgetreten, sind ihre Namen verschieden.
Ihr Vereinigung nennen wir mystisch.
Mystisch und abermals mystisch:
die Pforte zu jedwedem Geheimnis.

Dieser kurze Text von Lao Tse (Tao, S.27) bringt knapp und klar zum Ausdruck, worum es geht. Alle Wege sind nur einzelne Wege in der konkreten Realität zum Eigentlichen, zum Wesentlichen. Es geht niemals um das Ego und all seine Spielchen, sondern um das Überwinden des Egos, des Verstandes, des kleinen Ichs. Text wie die von Lao Tse sind nicht zum bloßen Durchlesen gedacht, es sind Meditationstexte. Die richtige Meditation lässt sich nicht überspringen, weder hier noch auf einem der konkreten Wege.

Magische Wege im Harz und anderswo

Ordnungssysteme

Man könnte die magischen Wege nach einem Ordnungssystem einteilen. Zum Beispiel entsprechend den Himmelrichtungen: Osten, Süden, Westen und Norden. Nach dem indianischen Medizinrad hat jede Richtung eine bestimmte Qualität. Die Zwischenrichtungen wie Südosten, Südwesten, Nordwesten und Nordosten natürlich auch.

Man könnte von Himmelswegen, Erdwegen, Wasserwegen und Luftwegen sprechen. Auf manchen Wegen begegnet man mehr dem Himmel, auf anderen mehr der Erde, dem Wasser oder der Luft.

Solche Ordnungssysteme mögen hilfreich sein. Sie können uns eine bestimmte Qualität besonders bewusst machen. Andererseits sind alle Wege mehr oder weniger ganzheitlich, das bedeutet, dass alle Qualitäten vorhanden sind. Die Natur kennt kein Ordnungssystem. Sie verbindet alles miteinander, sie lässt alles ineinander fließen, auch wenn es natürlich Grenzen gibt. Im Fluss regiert das Element Wasser, auf den Felsen die Luft und der Wind, im dunklen Wald die Erde und auf einem Sonnenhügel das Feuer der Sonne.

Weil mir Zuordnungen oft problematisch erscheinen, habe ich kein Ordnungssystem verwendet. Es kommt darauf an, sich auf den Weg und seine Gegebenheiten einzulassen. Der Weg ist das Entscheidende, nicht ein menschliches Ordnungssystem.

Der Öselberg ist vor allem ein Berg des Ostens, der Sonne, aber die anderen Elemente sind ebenfalls vorhanden. Wenn ein Weg aus meiner Sicht besonders eine Tendenz hat, dann habe ich es in Klammern erwähnt.

Achtermann (Erde)

Der Achtermann ist ein alter, schamanischer Berg im Harz. Ich gehe den Weg seit über 25 Jahren. Und er ist immer noch magisch, immer noch neu, immer noch ungewöhnlich. Er wird es auch in hundert Jahren sein, in zweihundert, in tausend, denn der Achtermann lebt eine andere Zeitdimension als wir Menschen, die wir nur ein paar Jahrzehnte auf der Erde herumlaufen.

Informationen:
Der Weg führt von Oderbrück zum Gipfel des Achtermann. Die Länge beträgt circa 2,3 km, die Höhendifferenz circa 125 Meter. Der Gipfel des Achtermann ist 925 hoch. Vom Gipfel aus kann man im Osten den Brocken sehen, die Hohne Klippen, im Südosten den Wurmberg. Die Berge und Wälder im Westen sind weniger wichtig, auch wenn man sehr weit über den Harz blicken kann.

Der Weg ist zum größten Teil von großen Steinen geprägt. Das bedeutet, dass man immer genau schauen muss, wohin man tritt. Also kein Weg um nebeneinander zu gehen und über tausend Dinge zu reden. Man muss sich vielmehr die tausend und mehr Steine intensiv ansehen. Neben dem Weg, auf östlicher Seite, befinden sich im Wald die sogenannten Breitensteinklippen. Sie haben ihre eigene Magie der Drachenzeit.

Gegenwärtig ist die Situation des Waldes vorm und am Achtermann desolat. Viele Fichten sind abgestorben. Umgefallene Baumstämme versperren den Weg. Einige der großen Fichten sind noch vorhanden. Sicher sterben sie auch in den kommenden Jahren. Neue wachsen aber nach, und so besteht Hoffnung für die Zukunft.

Weg der Steine

ein Weg der
tausend Steine

du schaust sie an
die vielen Gesichter

sie sind dir vertraut
die alten Freunde der Erde

sie schlafen hier
in ihrem stillen Sein

du läufst zwischen ihnen
und über sie hinweg

sie werden hier sein
in tausend Jahren

du hast keine Wörter
du musst sie anschauen

schweigend und still
mit ihnen reden

reden mit den Augen
wie die Luchse der Nacht

sie verstehen die Stille
sie verstehen die ewige Zeit

der Mensch sammelt nur
hunderttausend Dinge

die Klippen stammen aus
aus der Zeit der Drachen

ihre Magie entzieht sich
jeder Beschreibung

auch die Felsen oben
auf dem Gipfel

die meistens im Westwind
in feuchten Nebelwolken

alles ist magisch
auf dem Weg zur Höhe

wenn du einfach zuhörst
wenn du lauschst

wenn deine grünen Augen
die grauen Steine betrachten

in Ehrfurcht und Liebe
so als wärest du im

Himmel der Götter
aller Zeiten

Die neue Grünkraft

inmitten der toten Bäume
all der grauen kahlen Stämme

leuchtet das helle Grün
die neuen Triebe der Fichten

der jungen die den Wald
der Zukunft schaffen

in hundert Jahren
in zweihundert Jahren

im hellen Grün leuchtet
ein inneres Licht

die heilende Kraft der Erde
die Zeit der Zukunft

wie die kleinen Kinder
die zwei junge Frauen

auf dem Rücken hinauf
auf den Berg tragen

an nebelverhangenem Tag
des frühen Sommers

die helle Grünkraft
siehst du in den kleinen

Farn-Pflanzen am Boden
auf den Steinen und dem Totholz

du siehst und spürst sie
wie sie wachsend strebt

hervor und hinauf
zum Licht des Himmels

am ganz geheimen Ort
beim Gipfel des Berges

versteckt unter dunklen Fichten
völlig unzugänglich

nur zu finden für
Luchse und Waldläufer

haben auch die Hüter
der Felsen neues Grün

zart und hell

und leuchtend

Geheime Orte

In der wilden Natur gibt es ganz besondere Orte der Kraft. Sie sind meistens sehr unzugänglich. Das müssen sie auch sein, denn es sind die geheimen Kraftquellen der Erde.

Man kann darüber nur Allgemeines sagen. Man kann nur einen allgemeinen Hinweis geben, mehr nicht. Man kann und darf sie nicht öffentlich machen. Ich denke, dass sie auch nur von Naturmystikern gefunden werden, genauer gesagt: Die Erde lässt es zu, dass sie gefunden werden.

Das Eigentliche, das Zentrum, das wahrlich Wertvolle, ich denke, dass jeder in seiner Wohnung oder seinem Haus solch einen Platz hat. Normale Besucher wird er mit Sicherheit niemals dorthin führen. Es ist eben ein ganz *intimer* Ort. Bei Banken, um ein anderes Beispiel zu nehmen ist es der Tresorraum, für den nur ganz wenige Personen den Schlüssel haben. Ganz so muss man sich das mit der Natur auch vorstellen.

Berge sind Buddhas

man vergleicht sie miteinander
die Berge und die Buddhas

wegen der Ruhe und Stille
wegen des einfachen Seins

sei wie ein Berg, sagte Lama Tashi
sei einfach da wie ein Berg!

es gibt viele Buddhas
so wie es viele Apostel und Heilige gibt

es gibt viele Berge
doch immer geht's – um Stille um Sein

der Achtermann
ist ein uralter Berg

der älteste im Harz
er kommt aus der Urzeit

er hat das Gesicht der Urmutter der Erde
er hat das Gesicht von Padmasambhava

er hat das Gesicht der grünen Göttin
er hat viele Gesichter

du nur kannst sie sehen
wenn du auf den Felsen sitzt

wenn du ein Felsen wirst

Wolfswarte (Vision)

Die Wolfswarte ist vielleicht der Berg, der wirklich mit Recht magisch und schamanisch bezeichnet werden kann. Er wird nach meinen Erfahrungen eher weniger oder kaum besucht. Es gibt auch nichts, das normale Touristen anziehen könnte, und die wilden, schroffen Felsen gefallen nicht jedem.

Informationen:
Die Felsen der Wolfswarte (918 m) liegen oberhalb von Altenau in südöstlicher Richtung. Neben der Straße Torfhaus – Altenau gibt es einen kleinen Parkplatz, von dem ein direkter Weg zum Gipfel führt. Der wildromantische Weg unter den Fichten ist oft sehr feucht und matschig, deshalb geht man besser durch den Bach, vor allem dann, wenn er wenig Wasser führt. Bei diesem Weg kommt es vor allem auf die Gipfelregion an. Dort finden sich einige magische Plätze, die sich sehr gut für Rituale und Visionssuche eignen. Ich empfinde diesen Berg als sehr „indianisch".

Neben den Themen Urfelsen, Luft und Wind stellt sich auf diesem Gipfel das Thema Vision. Zahlreiche interessante Felsformationen und grasbewachsene Nischen an den Felsen des oberen Gipfels laden dazu ein. Weiter unten finden sich äußerst viele abgebrochene Felsen. Auf dem meist sehr windigen Gipfel wachsen Ebereschen, erreichen aber keine Wuchshöhe, sondern bleiben eher verkrüppelt. Weiter östlich stehen jedoch genug Fichten, wo man sich verstecken kann, wenn einem danach sein sollte.

Wilde Felsen

wild sind sie und schroff
die Felsen des Windes

die brüchigen Steine
mit den grünen und gelben

Flechten und den Rissen
und scharfen Spalten

als wären sie gestern erst
zerhauen zertrümmert

von einem wilden Geist
der Urwelt der Blitze

hier begreifst du
den Geist des Windes

den Geist des Nebels
und den Geist des

heulenden Wolfes
auch wenn du weißt

hierher sind sie noch
nicht zurückgekehrt

aber dies ist ein Berg
der wilden Geister

Black Elk Rocks

Diese Klippen habe ich selbst so genannt. Der offizielle Name ist nach den Wanderkarten ein anderer. Ich habe sie deshalb so genannt, weil sie mich an den Geist des großen Sioux-Schamanen Black Elk erinnern und sie für besondere, geheime indianische Rituale geeignet sind.

Informationen:
Aus persönlichen Gründen und weil dieser Ort geschützt bleiben muss, kann und werde ich keine Informationen über die Lage geben. Sie befinden sich im weiteren Einflussbereich des Brockens.

Es gibt Berge und Orte, die von vielen besucht werden. Sie sind über Wanderwege erreichbar. Als Gegenstück gibt es Orte, die praktisch überhaupt nicht besucht werden und eigentlich auch nicht besucht werden können und sollen, weil kein Wanderweg zu ihnen führt.

Diese Orte muss man selbst aufsuchen, bzw. man muss sich von ihnen rufen lassen. Wenn es wichtig und bedeutsam für einen ist, dann werden einen die Geister schon dorthin führen – und wieder zurück. Der Harz ist zwar nicht Alaska, aber es gibt sehr wilde und durchaus gefährliche Regionen. Luchse, Wildschweine und jede Menge von Felsspalten und Felslöchern, nicht zu vergessen die sumpfigen und moorigen Regionen. Also ist Vorsicht geboten, und sehr langsames, bedächtiges Laufen, das eigentlich mehr ein Durchsteigen ist.

Außerdem ist hier Respekt wichtig, tiefer Respekt und Ehrfurcht vor den Naturgeistern. Ehrfurcht halte ich deshalb für sehr wichtig, weil es sich wahrlich um heilige Plätze handelt. Diese Einstellung gilt aber eigentlich auch für die von mir genau genannten Orte.

Heilige Plätze

wohin ziehen sich
die Wölfe zurück

wohin ziehen sich
die Luchse zurück

wo wissen die Bäume
dass sie wachsen können

wo ruhen die Felsen
für sich seit ewigen Zeiten

und träumen den Mythentraum
in endlosen Jahrmillionen

dort bei verborgenen wilden
grauweißen Granitklippen

bei flechtenbehangenen
Fichten des Himmels

kannst du sie finden
die heiligen Plätze

hier findest du
deinen Platz

für dein Krafttier
für deine Seele

Quitschenberg

Die meisten Wanderer laufen zielstrebig zum Brocken. Sie laufen über den Quitschenberg mit den kahlen, toten Baumstämmen und lassen die magischen Felsen links liegen. Die meisten werden sie sicher nicht sehen oder zur Kenntnis nehmen. Das ist auch gut.

Informationen:
Zunächst folgt man dem Goetheweg von Torfhaus Richtung Brocken, entlang des Wassergrabens. Einerseits kann man sich an dem fließenden Wasser, dem Moos und den Farnen, dem spiegelnden Licht erfreuen, andererseits betrüben einen die vielen abgestorbenen und umgesägte Fichten. Ein desolater Wald! Den Goetheweg verfolgt man bis zu den beiden Informationstafeln über den Quitschenberg (881 m). Der Weg zu den Felsen ist nicht ausgezeichnet. Es gibt alte Pfade. Man muss sich seinen Weg suchen. Länge: ca. 2,5 km. 45 Minuten. Im Gebiet der Felsen muss man langsam, achtsam und sehr vorsichtig gehen. Das Gegenstück zur allgemein begangenen Rennstrecke für marschierende Massen Torfhaus – Brocken.

Wenn man einen der Felsen erklommen hat, hat man einen guten Rundblick: Torfhaus, Wolfswarte, Königsstuhl, Brocken, Scharfenstein. Der Quitschenberg ist der westliche Berg vor dem Brocken. Hier kann man in Ruhe und Stille seine indianischen Rituale durchführen. Man kann auf Torfhaus hinunterblicken und weiß, dass dort ein Ort des Massen-Tourismus ist. Hier auf den Felsen ist die archaische Welt der Felsen, der Ebereschen, der Heidelbeerbüsche (im Herbst finden sich immer Spuren der reifen Beeren auf meiner Hose) und leider auch der vielen toten Fichten. Aber es wachsen viele neue und in zwanzig Jahren wird hier alles anders aussehen als heute (2012).

Was ist eigentlich ein schamanischer Berg?

Was macht eigentlich einen Berg zu einem schamanischen Berg?

Wer es weiß, der erkennt es, wer es nicht weiß, der erkennt es auch nicht. So könnte man den bekannten Satz der altchinesischen Weisheit abwandeln. Aber damit hat man keine Erklärung und nicht so informierte Leute sind eher frustriert.

Ich denke es mir so, dass jeder Mensch erkennt, ob eine Naturregion völlig naturbelassen, ursprünglich, kraftvoll und schön im wilden Sinne ist oder nicht. Dafür kann man seinen Blick durchaus schulen, so wie man seinen Blick für Gartenanlagen schulen kann, um zu erkennen, in welchem Stil ein Garten angelegt worden ist, z.B. im Stil des englischen Landschaftsgartens.

Die Natur gestaltet nun das Naturschöne auf ihre Weise. Sie hat ihren intelligenten Plan einer vielfältigen, wild-chaotischen oder wild-geordneten Intelligenz. Ihre Matrix ist das Labyrinth oder das Fraktal. Es mag dem Menschen nur chaotisch erscheinen, wie ein Dschungel etwa, aber es ist das System des Lebens. Es ist weder mono-kausal noch mono-dimensional, sondern multi-dimensional voller Interdependenzen. Das mag sich zunächst abstrakt anhören; es kommt jedoch darauf an, dafür ein tiefes Gefühl zu entwickeln.

Wenn wir auf einem Berg besonders intensiv diese Vernetzung, die Verdichtung der Matrix, die Konzentration der Energie des Lebens spüren, dann können wir den Berg „schamanisch" nennen. Dem Berg ist das eher egal, allerdings möchte er von uns in seinem Wesen erkannt und gewürdigt werden; das schon, denke ich. Das ist bei jedem Lebewesen nicht anders.

Kästeklippen und Okertal

Dies sind zwei archaische Wanderziele, die man gut gemeinsam besuchen kann. Die Kästeklippen befinden sich oberhalb des Okertales. Das ist, wenn man so will, einer der Canyons des Harzes.

Informationen:
Vom Parkplatz im Okertal bei Romkerhall führt der recht steile Weg hinauf zu den Kästeklippen (599 m). Nach der sogenannten Feigenbaumklippe ist der Weg leichter zu gehen bis zu den Felsen der „Hexenküche" (wieder einer dieser die Natur dämonisierenden Begriffe) und weiter bis zu den Kästeklippen. Länge ca.2,5 km, Höhendifferenz 260 m, die Dauer des steilen Anstieges bis zum Feigenbaum beträgt 30 bis 45 Minuten. Im Tal kann man den Weg neben der Oker bis zur magischen Okerinsel gehen. Wenn die Oker viel Wasser führt, was leider wegen der Wasserregulierung nicht oft der Fall ist, ist dieser Weg sehr romantisch, wild und einfach wunderschön. Hier ist keine große Höhendifferenz zu bewältigen.

Die Felsen des Okertales kann man als Kultfelsen ansehen. Die Feigenbaumklippe kann man ersteigen, denn dort gibt es Eisentreppen. Die „Hexenküche" hingegen müsste man ohne Aufstiegshilfen erklettern. Aber darauf kommt es nicht an, sondern dass man sich den besonderen, außergewöhnlichen, geradezu spektakulären Steinformationen widmet. Sie wirken auf den Betrachter wie das magische Werk eines zyklopischen Künstlers. Wer hat nur auf der Kästeklippe den markanten Pyramidenstein auf den Steinsockel gehoben, mag man sich fragen. Oder: Wer hat die „Mausefalle" aufgestellt?

Zwischen dem Feigenbaum und der sogenannten „Mausefalle" kann man eine Reihe von Kraftplätzen finden. Sehr schön sind die kleinen Grotten. Vor Jahren war das ganze Gebiet von dichtem Fichtenwald umgeben. Nachdem vor ein paar Jahren viele Fichten gefällt worden waren, wachsen jetzt viele junge Birken dort. Der Wald soll und wird somit mehr zu einem Mischwald werden.

Wenn man sich auf den Kästeklippen umschaut, dann entdeckt man alte Spuren archaischer Spiritualität. Einen Opferstein mit einer Blutrinne, einen zentralen Altarstein mit einer Schale im Gestein, ein Zeichen auf dem höchsten Stein, das wie ein Herz auf einen wirken kann. Ob nun von Archäologen bewiesen oder nicht, Orte wie diese sind einfach für Kulte der Erde prädestiniert gewesen und sind es noch. In heutiger Zeit müssen wir unsere eigenen Rituale, unseren eigenen Weg finden – da es keine allgemein akzeptierte und praktizierte Religion der Erde, der Natur gibt – , ob nun hier oder bei einem der im Wald versteckten Felsen oder Grotten. In dieser Region sind mehr als genug Plätze zu finden!

So können wir den zentralen Altarstein für ein Ritual für Mutter Erde nutzen. Wir können einen Gebetsfaden in einen der Bäume auf der Klippe hängen. Wir können beten oder singen. Wir können auch einfach nur die magischen Steine berühren. Dem kreativen Geist sind keine Grenzen gesetzt. Nur die, es so ursprünglich wie möglich zurückzulassen und ausschließlich Naturmaterialien zu verwenden. Mit anderen Worten, keinen spirituelle Müll zu hinterlassen, z.B. Kerzen in Plastikbehältern.

Hohne Klippen (Luft)

Die Hohne Klippen sind eine ganz besondere Klippenregion im Harz. Man könnte sie „Grey Rocks" nennen – analog zu den Red Rocks im Land der Apachen in Arizona. Während man durch diese Region läuft, die wie eine indianische Gegenwelt auf einen wirken kann, kann man sich vorstellen, dass gleich Fury aus irgendeiner Ecke erscheint. Fury, das wilde, schwarze Pferd aus den Kindertagen. In vielen Western erscheinen felsige Gebiete. Solch ein Gebiet ist die Region der Hohne Klippen aus meiner Sicht. Aber auch wenn jemand diese Assoziationen nicht teilen mag, so ist es doch eine sehr wild und magisch wirkende Gegend voller markanter Felsen bzw. Klippen.

Informationen:
Die Hohne Klippen sind gut von Drei Annen Hohne aus zu erreichen. Die Höhendifferenz beträgt bis zum Gipfel der Leistenklippen 357 Meter, die einfache Wegstrecke ca. 4 Kilometer. Der Weg lässt sich wie folgt einteilen:

1. bis zu einem Aussichtspunkt, an dem drei Buchen stehen
2. ein steiles Wegstück über eine Bergwiese
3. der Weg durch die Klippen bis zur Leistenklippe – oder weiter
4. steiler Rückweg durch den dunklen Wald bis zum Trudenstein
5. Von dort weiter durch den Wald bis zum Ausgangspunkt

Die Namen der einzelnen Klippen lauten offiziell: Bärenklippe, Leistenklippe, Grenzklippe und Höllenklippe.

Den besonderen Charakter der Klippen und vielen Felsen muss man selbst erspüren.

Klippen der Winde

dein Weg führt dich
vorbei an magischen Bäumen

auch wenn sie immer
und immer wieder Holz

schlagen müssen
diese Frevler der Erde

findest du sie
die magischen Bäume

neben dem Weg
und an lichter Ecke

die drei Buchen
drei Buchen der Göttin

hier beginnt es
das andere Reich

hier ist das Tor
in die Welt der Urzeit

über die Wiese wird
nachts der Fuchs laufen

oben läufst du
den schmalen Pfad

durch die Felsen der Visionen
du erkennst sie die Urtiere

in den Steinen ruhen Gestalten
Ideen und Pläne der Erde

Winde durchwehen dich
vom Brocken vom Wurmberg

deine Gebetsbänder die bunten
sie flattern am Zweige der Esche

die Felsen sind Fingerzeige
Botschaften des Himmels

die Klippen wie Kunstwerke
geschaffen von Mutter Erde

manche Steine tragen
seltsame Zeichen und Ritzen

als wären hier
Schamanen gewesen

aber es ist keine Welt
der hektischen Menschen

hier ist alles in ewiger Ruhe
wie in der Steinzeit

hier leben und gestalten
die Geister der heiligen Erde

Indianische Natur

Manche Gebiete haben einen „indianischen" Charakter. Das Gebiet der „Hohne Klippen" hat einen ausgesprochen indianischen Charakter. Aber was ist damit gemeint?

Es ist wild, es ist absolut naturbelassen, es ist archaisch, es ist ursprünglich. All diese Adjektive und weitere wie „wildromantisch" sind zutreffend. Aber das reicht als Erklärung wohl nicht aus. Es ist sicher ein Gebiet, in dem wir die Geister der Natur leichter und schneller spüren können als in anderen Gebieten. Nur, was sind indianische Geister der Natur?

Man muss sicher eine ungefähre Vorstellung vom Germanischen, vom Keltischen, vom Griechischen und von anderen Kulturen haben, um für den Bereich, von dem ich hier spreche, sensibel zu sein. Verfügt man über entsprechendes kulturelles Wissen, dann kann man spüren, ob eine Landschaft den einen oder anderen Charakter hat.

Das Indianische dürfen wir nicht nur mit den Bergen des Monument Valleys an der Grenze von Utah verbinden. Das ist das Gebiet der Navaho. Aber es gibt viele andere Stämme und somit auch viele Aspekte des Indianischen. Die Mythologien und spirituellen Vorstellungen der indianischen Völker sind unterschiedlich. Sie spiegeln oft den Charakter einer Landschaft wider und sie bestimmen dann wiederum die Sichtweise der Landschaft.

Wenn wir uns mit unterschiedlichen Gartenstilen auskennen, dann erkennen wir diese. Wir erkennen dann zum Beispiel, ob es sich um einen englischen Landgarten oder einen barocken Garten handelt, einen Bauerngarten oder einen japanischen, etc. Landschaften hingegen werden von der Natur gestaltet. Die Natur ist die Kreativität und Vielfalt schlechthin. Natur war immer vielfältig und wird es immer sein. Sie liebt und spielt mit der Vielfalt. Heute sprechen wir von „Biodiversität". Bestimmte Landschaften können aber überall auf der Erde auftreten, z.B. die Wüste oder der Urwald, die alpine Landschaft oder die Steppe. Manche Landschaften kreieren dabei einen bestimmten ästhetischen Charakter, den wir psychologisch, mythologisch und spirituell deuten können. „Indianisch" wäre danach eine mögliche Deutung, neben der es logischerweise andere gibt. Natur zwingt uns nichts auf, sie gibt uns Möglichkeiten. Natur ist nie dogmatisch oder gar so etwas wie „orthodox", was im Grunde nur eine Art von Dummheit ist, sondern flexibel und äußerst kreativ.

Eine indianische Landschaft ist eine Landschaft, in der wir das Wirken der Naturgeister, wie den Wind oder die Luft, spüren und in der die Geister der Zivilisation fast nicht vorhanden sind; ein Hinweisschild hat dort eigentlich nichts zu suchen! Wenn wir die Wesen und die Seelen der Bäume und Steine hautnah spüren können, dann können wir das als „indianisch" bezeichnen. Aber, wie gesagt, wir können es auch anders deuten und andere Wörter verwenden. Die Wörter sind nicht das Entscheidende, die Namen sind nur unsere Namen, unsere Verbalisierungsversuche, nicht mehr.

Das Entscheidende ist die beseelte Landschaft und die Frage, ob wir es fühlen oder nicht. Wir müssen es fühlen. Es geht um unsere tiefen Gefühle von Verbundenheit und innerer Identität mit der Landschaft. Der Indianer als Menschentypus ist mit der Landschaft innerlich in einer emotional-spirituellen Einheit verbunden. Es gibt da keine Distanz, keine Differenz, keinen Gegensatz. Das ist ja gerade der Unterschied zum typischen Westler, dessen Religion meistens eine Anti-Natur-Religion ist, keine Religion der wilden Natur.

Das Negative dieser Haltung besteht darin, dass die Krankheiten der Erde als eigene empfunden werden. Der Krebs der Zivilisation schmerzt den Indianer wie ein eigener körperlicher Schmerz. Das Positive sind die Verbundenheit und das Zuhause-Sein in der wilden Natur.

Scharfensteinklippe

Die Scharfensteinklippe ist ein markanter Berg, ca. vier Kilometer nördlich vom Brocken. Wenn man den Brocken als großen mütterlichen Berg ansieht, dann ist die Scharfensteinklippe ein männlicher Vorberg. Der Brocken ist sozusagen die Große Mutter, MUTTER ERDE, der zentrale Urberg des Harzes. Der offizielle Name ist falsch. Der Name Scharfensteinklippe ist hingegen durchaus passend. Klar und deutlich ragt er aus den Wäldern hervor. Seine ausgeprägte Gipfelregion kann gut von der Eckerstaumauer aus betrachtet werden.

Informationen:
Der Weg zur Scharfensteinklippe (696m) beginnt beim Parkplatz neben der Hauptstraße Bad Harzburg – Braunlage. Zunächst muss man die Fahrstraße bis zum Tatterbruch gehen. Hat man die wilde Radau überschritten, geht es auf der linken Seite hoch in den Wald. Dort wird der Weg magisch, vor allem nach der großen Buchenhüterin auf der linken Seite. Einige hundertjährige Fichten erfreuen das Herz des Waldläufers. Am Ende des magischen, steilen Waldweges muss man leider wieder der Straße gehen, zunächst bis zur Luisenbank, wo mehrere Hektar abgeholzt worden sind, und dann abwärts bis zum Eckerstausee. Die alte Talsperre und der Weg darüber haben durchaus etwas Magisches. Sehr schön wird der Weg um das nördliche Ufer des Sees herum bis zum Frankenbergstein. Leider ist ein großes Waldstück abgestorben. Danach führt der Weg auf der östlichen Seite ca. 50 m oberhalb des Sees entlang. Nach der Abzweigung zur Rangerstation wird der Weg wieder magisch, urig. Vor der Rangerstation geht man über einen Forstfahrweg. Von der Rangerstation führt ein schmaler Pfad in nördliche Richtung, dann in einem Bogen durch sehr dunklen Wald bis zum Gipfel der Scharfensteinklippe, auf dem sich eine Reihe markanter Felsen befinden. Die Wegstrecke ist ca. 6 km lang, die Höhendifferenz beträgt etwa 400 Meter; für den Hinweg braucht man ca. 110 Minuten.

Scharfenstein

magischer Schamanenberg
im Norden der Großen Mutter

Hüter des Tores
zum Weg des Urberges

Hüter des Sichelsees
des kalten dunklen Wassers

ein See des Mondes
ein See der dunklen Kräfte

so auch die Wege
durch dunkle Wälder

übers Geflecht der Wurzeln
über kleine Elfenbäche

vorbei an großen Hütern
Buchen und alten Fichten

auf dem Gipfel steht
eine magische Bergbuche

ein zentraler
heiliger Baum

Magischer Gipfel

die Magie des Baumes
ist die Kraft der Pflanze

die der Kälte dem Winter
und dem Wind kann trotzen

die Magie des toten Holzes
ist das Urfeuer des Lebens

das sich immer und überall
entzünden kann

die Magie der Steine
sind ihre schlafenden Formen

ihre Gestalten in die sie
verwandeln sich können

die Kraft der Wandlung
das ist das lichte Geheimnis

Magie ist ein persisches Wort
unser Wort wäre Wyrd

Urd Werdandi Skuld
das Nornennetz des Lebens

aber alles bleibt dunkel
und wir haben keine Sprache

so vieles ist sinnentleert
nur noch Geplapper

die Bäume und Steine
sie sprechen mit dir

aber du kannst sie
nicht übersetzen

die Baumsprache
die Holz- und Steinsprache

du müsstest erfinden
ganz neue Wörter

aber sie kennt keiner
und versteht keiner

die Ursymbole
auf der Baumrinde

auf den Steinen und
in den Wolken

sind wie Schriftzeichen
Lautzeichen aus der

Traumzeit

Wege und Rituale

Der Weg ist das Ritual. Während des Laufens macht man nicht unbedingt ein Ritual, denn man ist und bleibt ja im Laufen. Wenn man unterwegs eine kleine Pause macht, an einem markanten Platz etwa, dann kann man ein kleines Ritual machen.

Während des Laufens denkt man natürlich an alles Mögliche, das ist nichts Besonderes, das tun alle. Ist man allerdings achtsam auf Zeichen und Botschaften, dann konzentriert man seinen Geist bereist auf ein bestimmtes Thema. Das kann man mit Gebeten, Mantren (Kehrversen) und am besten mit Gesängen und Chants (einfachen Wiederholungsliedern) unterstützten.

Ein Weg kann ein gesungenes Mantra sein.

Om Mani Peme Hung.

Herr Jesus Christus, König und Erlöser.

Heilige Mutter Erde, ich verehre Dich.

Ancient Mother I hear you calling,
ancient Mother I hear your song.

Das sind nur Vorschläge. Ich selbst erfinde immer wieder neue, spontane Chants. Ein spezielles Ritual zu einem bestimmten Thema kann man unterwegs bei markanten Punkten (z.B. besondere Felsen und Bäume) oder am Ende eines magischen Weges machen.

Jermersteinklippen (Medizinrad)

Insgesamt gibt es im Harz viele besondere Felsformationen. Oft werden sie „Klippen" genannt. Auch im Zentrum des Harzes gibt es mehrere besondere Orte. Eine Felsformation würde ich als das Herz-Chakra des Harzes bezeichnen wollen. Diese Formation ist allerdings gegenwärtig nicht zu erreichen, wegen des dichten Fichtenwaldes und der Tatsache, dass es vermutlich ein Rückzugsgebiet wilder Tiere ist, was man respektieren sollte. Die Jermersteinklippen, die man ebenfalls als Herz-Chakra ansehen kann, sind aber leicht zu erreichen.

Informationen:
Parkplatz neben der Straße nach Braunlage; nördliche Abfahrt. Am Parkplatz stehen in einem Halbkreis ca. acht große Felsen. Die Wegstrecke bis zum Aussichtsfelsen beträgt etwa einen Kilometer; keine sonderliche Höhendifferenz. Oben gibt es etwa fünf größere Felsformationen. Vom westlichen Gipfel kann man den Achtermann, den Brocken und den Wurmberg erblicken. Die drei mehr nördlich gelegenen Formationen kann man den Himmelsrichtungen Westen, Norden und Osten zuordnen, die südliche Formation logischerweise dem Süden. In der Mitte findet sich eine fünfte Formation mit einer kleinen Höhle.

Man vermutet, dass hinter dem Namen „Jermer" der germanische Gott Tiwaz Ermnaz stecken könnte. „Irmin" ist ein Beiname des höchsten germanischen Himmelsgottes. Ob das nun der Wahrheit entspricht oder nicht, kann uns eigentlich egal sein, denn erstens gibt es keine allgemein verbreitete Verehrung von „Irmin" und zweitens müssen wir in heutiger und zukünftiger Zeit unseren eigenen spirituellen Zugang finden. Im Übrigen unterscheidet sich der höchste germanische Gott gar nicht so sehr vom Gott des alten Testamentes, denn dort haben wir ebenfalls die Kombination von Himmel, Ehre und Gewalt. Karl der Große hatte 772 die Irminsäulen, also die Kultstätten des Irmin, zerstören lassen, weil er seinen Machtanspruch und den des Christentums durchsetzen wollte. Was er zerstört hat, scheint historisch nicht genau geklärt zu sein. Aber sicher auf jeden Fall heilige Stätten der Germanen. Ob es nun große Bäume, künstliche Objekte oder nur Felsen waren, ist zweitrangig, denn die Missachtung der Naturreligion war der entscheidende Punkt. Diese Wunde der Geschichte ist bis heute nicht geheilt. Man kann sie nur durch Wertschätzung und Würdigung heilen. Dazu sind jedoch die christlichen Kirchen nicht bereit.

Zu „Irmin" vergleiche man Paul Hermann, Deutsche Mythologie, S.198 ff.

Die Felsen beim Parkplatz sind eindeutig von Menschenhand aufgestellt worden. Die Felsformationen der Jermersteinklippen sind das Werk von Mutter Erde. Dennoch hat man als spiritueller Besucher das Gefühl, als hätte ein Bewusstsein hier kreativ gestaltet. Man findet sogar Spuren, die auf menschliche Bearbeitung hinweisen. Zwischen den Felsen wachsen große Fichten und Buchen.

Ich würde den ganzen Ort als natürlichen Tempel, als Kultstätte der wilden Natur bezeichnen wollen. Wer ihn heute besucht, muss für sich selbst herausfinden, wie er ihn sieht und deutet.

Der Berg der Großen Mutter (Mitte, Zentrum)

Der offizielle Name dieses Berges ist „Brocken". Für mich definitiv ein falscher Name, denn der Berg ist nicht männlich, sondern weiblich und die abgeflachte, runde Bergkuppe wird durch den Namen überhaupt nicht ausgedrückt. Der Berg der Großen Mutter ist das Zentrum des mittleren, nördlichen Harzes schlechthin.

Informationen:
Der sogenannte „Brocken" ist der höchste Berg des Harzes und ganz Norddeutschlands. Er ist 1142 Meter hoch. Er ist außerdem ein zentraler Berg Mitteleuropas, wenn nicht sogar von ganz Europa. Zieht man auf einer geographischen Karte einen Kreis um den „Brocken", dann kann man in etwa Gibraltar, Island, das Nordkap, die Wolga bei Gorkij und Kreta auf einem Kreis miteinander verbinden.

Es gibt auf der Nordhalbkugel der Erde zwei besondere schamanische Gebirge, bzw. Regionen. Das sind die Black Hills in Nordamerika und der Altai in Sibirien. Schaut man sie sich auf einem Globus an, dann erkennt man eigentlich sofort die herausragende Stellung. Das europäische Gegenstück zu diesen beiden Bergregionen ist der Harz. Kaum jemand wird ihn als „schamanisches" Gebirge begreifen. Da es aber sehr viele Plätze gibt, die schamanischen, indianischen, archaischen Charakter haben, denke ich, dass man dieses Gebirge durchaus so verstehen kann. Es ist nicht notwendig, dass dies offiziell anerkannt wird. Der Schamanismus wird in Deutschland ja auch nicht als Religion der Erde, der Natur begriffen. Er führt ein Randdasein. Daran wird sich vermutlich nichts ändern, weil kaum jemand die Natur wirklich als sakralen Raum versteht oder verstehen will. Unbewusst zieht es allerdings sehr viele Menschen an die archaischen Plätze. Sie selbst mögen nicht wissen, was sie dort suchen, aber ihre Seele weiß es. Das Christentum ist in Norddeutschland eine oberflächliche Kopfreligion. Im Grunde gehört diese auch gar nicht ins Land der Sachsen. Eine aufgezwungene Religion aus der Wüste des nahen Ostens passt nicht nach Norddeutschland. Sie hat weder etwas mit der Landschaft noch mit unseren Ur-Ahnen zu tun. Das Aufgezwungene ist und bleibt immer falsch. Um das ganz zu verstehen, müsste man sich mit der Tiefenpsychologie eines Volkes und einer Landschaft befassen, wozu aber gegenwärtig niemand bereit ist.

Die archaischen Wurzeln sind tief und verschüttet, aber sie sind noch vorhanden. Man kann sie reaktivieren. Der Brocken ist in der Hinsicht eine Art Reaktivator. Der Berg lässt sich auch in keiner Weise christianisieren. Hier steht kein Kreuz, wie auf den Bergen in Bayern, und das geht auch gar nicht. Statt dessen befindet sich auf dem Gipfel eine kleine Steingruppe in der Mitte einer großen Windrose. Das ist das „Medizinrad" des Brockens. Die Mittelsteine repräsentieren den Urgeist von Mutter Erde.

Zum Gipfel des „Brocken" führen verschiedene Wege. Im wesentlichen sind es drei: von Torfhaus, von dem Scharfenstein und von Schierke. Diese Wege werden von vielen Menschen begangen. Somit sind sie nicht unbedingt magisch zu nennen. Links und rechts vom Wege finden sich aber viele magische Stellen, wenn man die Augen aufmacht oder sich von den Naturgeistern führen lässt. Entfernt man sich ein wenig von der „Ameisenstraße", dann ist man oft schnell in einer ganz anderen Welt!

Der Gipfel ist leider sehr überzivilisiert und es ist nicht leicht für den Naturmenschen seine Plätze zu finden. Sie sind aber vorhanden. Am besten man besucht sie früh am Morgen oder später am Abend, wenn die Leute, die den „Brocken" nur mit der Harzer-Schmalspurbahn besuchen, fort sind.

Der Berg eignet sich für Rituale der Großen Mutter, der Göttin und Mutter Erde.

Weg auf dem Brocken - Schamanensteine

Der Berg der Großen Mutter

schon auf dem Weg musst du
hinter das Äußere schauen

nicht die Rennstrecke sehen
der Nordic Walker und Mountainbiker

nicht den Ameisenweg der
vielen sehr vielen Besucher

die es irgendwie hierher gerufen hat
die stehen bleiben bei Bockwurst und Bier

in der Tiefe der Seele hat
die HEILIGE MUTTER sie gerufen

viele erleben nur den Rummel
mancher erkennt das Wahre

neben dem Weg ruht der Wald
dort spürst du das ewige Schweigen

auch wenn der Kuckuck ruft
und die Bahn ihre Signale sendet

neben dem Weg liegen die Steine
die ganze archaische Zeit der Erde

der Weg führt zur Mutter
zur ewigen MUTTER ERDE

ob du glaubst an die Religion der Erde
oder nicht ist völlig egal

denn sie war immer und wird
bleiben bis zum Sterben der Zeiten

der Mensch hat seine Spuren
aber die Mutter lebt ihr ewiges Sein

Magische Wege und Einsamkeit

Müssen magische Wege einsame Wege sein, einsame, verborgene, versteckte Wege in wilder Natur? Wege, die kaum einer oder sogar überhaupt keiner geht?

Ich habe mich das gefragt, als ich auf dem Brockenweg war, auf der Südseite des Gipfels, bei den heiligen Steinen, deren allgemein üblichen Namen ich nicht verwende. Es sind die Steine der Großen Mutter.

Ich denke nicht. Sicher, den „Goetheweg" gehen viele, sehr viele und an einem sonnigen Herbsttag sind es Tausende und alle Parkplätze sind total überfüllt. Das ist zunächst einmal eine der Tatsachen der heutigen Zeit. Überall auf der Erde. Auch wenn viele ein und denselben Weg gehen, so kann er uns doch ein magisches Gefühl vermitteln, sofern wir dafür empfänglich sind und nicht die ganze Zeit beim Wandern über tausend Alltagsprobleme reden – wobei das natürlich durchaus eine Art Katharsis sein kann.

Ein Weg ist und bleibt ein Weg, egal wie viele Menschen auf ihm gehen mögen. Ein Weg behält immer sein spezifisches Sein, mit dem wir in Kontakt treten können. Tausende von Wanderern sind wie eine lange Kette der Generationen und Geschlechter. Wir, als Individuen, sind nur kurze Besucher auf der großen Erde. Morgen sind wir bereits fort. Die Steine liegen dort schon seit Jahrtausenden. Der Weg wird bleiben, ob neu angelegt oder zugewachsen oder vergessen. Bei unseren Besuchen in der Wildnis geht es immer um die tiefe Verbindung und Verbundenheit des Seelischen mit dem Archaischen und Archetypischen.

Die Steine der Mutter

die Steine der Mutter
sind die Steine der Mutter

sie tragen keine Namen
der Menschen und mit Goethe

haben sie nichts zu tun
denn er hat sie nicht verstanden

viele meinen immer
sie wüssten es verstünden es

aber ihr Herz ist kalt
und ihr Gemüt ist leer

weil sie nicht lieben
aus der Tiefe der Erde

weil sie nicht fühlen
mit dem Wind in den Gräsern

weil sie nicht wandern
mit den weißen Wolken

und nicht ruhen können
im ewigen Sein der Stille

mit den Felsen der Urzeit

Traumzeitmauer

Die von mir so genannte Traumzeitmauer befindet sich bei Neinstedt bzw. Weddersleben. Die Orte liegen in der Nähe von Thale, am nordöstlichen Rand des Harzes. Den offiziellen Namen möchte ich nicht verwenden, weil er die typische Dämonisierung der urigen Natur zum Ausdruck bringt. Damit sollte endlich einmal Schluss sein. Also nur noch: Traumzeitmauer. Wer sie anders nennen möchte, kann das gerne tun. Begegnet man der Natur ohne Vorwissen, dann kann man offener für das Besondere sein.

> Informationen:
> Die Traumzeitmauer erreicht man von einem Parkplatz neben der Bode, kurz hinter dem Ort Neinstedt, wenn man in Richtung Weddersleben-Quedlinburg fährt. Zunächst läuft man ein Stück neben der Bode. Dann beginnt der Aufstieg zu der Traumzeitmauer. Die Höhendifferenz mag insgesamt ca. 50 Meter betragen. Der Weg führt in Richtung Nordwesten. Wegstrecke: isg. ca. 5 Kilometer.

Die ersten Felsen sind die imposanten, grandiosen, magischen – oder welches Adjektiv man auch immer dafür verwenden mag. Später sind sie das weniger, dafür wird der Weg aber magischer, traumzeitmäßiger, sehnsuchtsromantischer und gegenweltartiger. Während des Laufens geht man somit von einem touristischen Parkplatz mit den üblichen Schautafeln mehr und mehr in die Anderswelt der Urgeschichte hinein. Das ist auch historisch zu verstehen. Ein Gedenkstein an Goethe mag einen rational-oberflächlich noch an Goethe erinnern, aber später geht man über Pfade, Landwege, vorbei an Wiesen aus vergangenen Zeiten vor Jahrhunderten. Ein Weg rückwärts in die Zeitdimension, geologisch, mythisch, poetisch und märchenartig.

Traumzeitfelsenweg

du gehst den Pfad
zurück im Fluss der Zeit

die Formung der Landschaft ist
das Kunstwerk von Mutter Erde

dem Himmel und dem
Wind und dem Regen

Sandstein wird geschaffen im Meer
und zurück ins Meer geschwemmt

so schließt sich der
uralte Kreislauf

du gehst den lichten
Schlangenpfad

über die Kette der
magischen Felsen

du siehst die
tausend Gestalten im Stein

je weiter du gehst
desto weiter

entfernst du dich
aus der Gegenwart

du verschwindest in der
Traumzeit von Licht und Winden

du blühst mit den
blauen Blumen

du schwebst mit dem
zarten Milan

dem Vogel der Sonne
dem Segler der Lüfte

und berührst die
magische Birke

einer anderen
Erde

Magischer Felsen der Traumzeitmauer

Der magische Baum

ist ein kosmischer Wirbel
der wachsenden Welt

ein Chakra der
Traumzeitmauer

mit wilden Steinen
aus der Urgeschichte

der Schöpfung der Welt
und sogar noch davor

so weit zurück im Traum
des Gedankenstromes

ein Busch der Dornen
ein Busch des Feuers

du hörst die Stimme
des heilenden Windes

er kommt aus dem Raum
hinter dem Universum

der Wind ist ein Komet
der blauen Welt

Ilsetal – Ilsefälle (Wasser)

Auf diesem Weg gibt es sehr viele magische Stellen, die zum Verweilen aufrufen. Zahlreiche Wanderer, die auf dem Weg zum Brockengipfel sind, werden das Tal eher nur durchmarschieren. Dafür ist es aber zu kostbar.

> Informationen:
> Der Weg beginnt am großen Parkplatz südlich von Ilsenburg, im Ilsetal. Zunächst muss man der Straße folgen. Hinter dem alten Wald-Hotel beginnt dann der eigentliche Weg. Die ersten zwei Drittel führen durch sehr schöne Waldstücke, die einen an längst vergangene Zeiten erinnern. Die Ilse ist meist gut zu sehen, oft leicht zu erreichen und ihre Wassergesänge begleiten den Wanderer die ganze Zeit. Im letzten Drittel geht es auf schmalerem Weg hoch zu den Ilsefällen. Der Weg endet bei der roten Brücke. Eine Wegstrecke beträgt ca. 5 Kilometer, die Höhendifferenz etwa 200 Meter.

Da es auf diesem Weg sehr viele magische Stellen am Fluss gibt, kann man seine Wanderung oft unterbrechen. So kann man einen Baum oder einen besonderen Stein betrachten. Oder man sucht sich eine schöne Stelle am Fluss. Man kann bis zu den oberen Ilsefällen gehen, aber das ist nicht so wichtig, wenn einem in den magischen Waldstücken danach ist, gleich dort zu bleiben. Es geht hier nicht um Ziele, die erreicht werden wollen, sondern darum, das magische Herz der Natur, die ganz andere Welt und Wirklichkeit zu erfahren.

Ilse

alles fließt
alles ist fließendes Wasser

die Wahrheit ist ein
fließender Fluss der niemals ruht

immerzu ist er im
fließenden Sein

seine Ewigkeit ist die
ewige Bewegung

wie das atmende Meer
wie die drehende Erde

hier fließt das Bergwasser
hinunter zum Ozean

schau sie an
die vielen Formen des Flusses

lausche dem rauschenden
Zaubergesang

träume auf einem
der grünen Steine

Oderteich (Wasser) – Odinteich?

Um den Oderteich führt ein Rundweg. Der See wirkt wie ein nordischer See, ein skandinavischer See, obgleich es sich objektiv um eine alte, kleine Talsperre handelt.

Informationen:
Der Oderteich (725 m) befindet sich neben der Straße Richtung Sonnenberg (Bundesstraße 242). Er gehört zum zentralen Kernbereich des Harzes. In der Nähe der Staumauer liegt ein Parkplatz. Die Länge des Rundweges beträgt ca. 4,5 km; die Höhendifferenz des Weges ca. 20 Meter. Der Weg führt teilweise über Bohlenwege. Insgesamt ist es ein eher leichter Wanderweg. Bei dem Oderteich handelt es sich um eine alte Talsperre aus dem Jahre 1721. Heute wirkt der See aber natürlich.

Man kann den Rundweg auf der Ostseite oder der Westseite beginnen. Heute führt der Weg teilweise durch abgestorbene Fichtenwälder mit sehr viel Totholz. Wüste Orte der Zerstörung des früheren Waldes. Das ist deprimierend, auch wenn man überall kleine, junge Fichten-Bäume sehen kann. Vor Jahren war der Wald viel dunkler und dichter. So hatte auch der See einen eher dunklen Charakter; den hat er allerdings immer noch. Er ist lang und eher schmal, wie eine Sichel, oder eine Flamme in die Anderswelt.

An der Nordspitze fließt ein Bach in den See. Dort finden sich ursprüngliche Stellen zum längeren Verweilen oder für ein Ritual an dem Bach. Ebenso gibt es auf der westlichen Seite einige sehr schöne Stellen zum Meditieren über das dunkle, kalte Wasser der Berge. Dort erschließt sich einem die Magie des Sees, das Reich des Todes, der Ewigkeit oder der Anderswelt, sofern man sich darauf einlassen will. Bei diesem Teich habe ich das Gefühl, dass er etwas mit Odin und Wahall zu tun haben könnte. Blickt man über den See in nordwestliche Richtung, ahnt man den Verlust der germanischen Mythologie und damit den Seelenverlust unserer Kultur.

Elfenstein

Diese Klippen heißen tatsächlich so, Elfenstein. Es handelt sich um eine Kette von Felsen in einem Buchenwald oberhalb von Bad Harzburg.

Informationen:
Der Weg beginnt am Stadtrand von Bad Harzburg. Elfensteinstraße – Waldstraße. Der erste, größere Teil des Weges führt auf einer Forststraße durch einen schönen Buchenwald mit Fichten und Lärchen. Beim sogenannten „Harzburger Fenster", wo man einen Blick auf die Stadt werfen kann, zweigt der Weg rechts ab. Dort wird der Weg dann zusehends magischer bis zur ersten größeren Felsengruppe, auf die eine Treppe hinauf führt. Aber der Weg geht weiter in westliche Richtung. Dort sind die Felsen weniger besucht und es gibt viele interessante Stellen. Die Länge des Weges beträgt etwa 1,75 km. Die Höhendifferenz: 100-150 Meter.

Der erste größere Felsen, auf den man über eine Treppe steigen kann, bildet den Kopf einer ganzen Felsenkette, die sich noch circa 250 Meter in westliche Richtung hinzieht. Man könnte sie als Drachen verstehen, dann wäre der Hauptfelsen der Drachenkopf. Oder man sieht sie als Steine der Urmutter an, mit jeweils ganz unterschiedlichem Charakter. Besser ist es vielleicht, sich einfach ohne Erwartungen oder Einschätzungen auf sie einzulassen. Einfach schauen, welche Stelle einen anzieht. Welcher Felsen, oder welcher Baum.

Elfenstein

hier gehst du den Weg
rückwärts in der Zeit

vom Stadtrand über den
Forstweg in den Buchenwald

auf der Höhe gelangst du
zum Kopf des schlafenden

Drachen der Felsenkette
die du weiter verfolgst

in das grüne Reich
der Farne und Moose

der knorrigen Bäume
und verborgenen Plätze

die kaum einer aufsucht
weil es ein Jenseits ist

ein Jenseits der
grünen Erde

der versteckten Wesen
in Steinen und Pflanzen

hier bist du ganz
in der anderen Welt

Ilsestein

Der Ilsestein ist ein magischer Granitfelsen oberhalb des tief eingeschnittenen Ilsetales. Er ist der markante Kontrapunkt zur wilden, ursprünglichen Ilse.

Informationen:
Den Ilsestein erreicht man über einen Forstfahrweg, der vom Tal zum Felsen hochführt. Der Buchenwald mit den hohen Buchen und später den Fichten ist sehr schön. Der letzte Tal des Weges, der auf den Granitfelsen bis zum Kreuz führt, ist der eigentlich magische Teil, was den Weg und die unmittelbare Umgebung betrifft. Auf dem Berg hat es im Hochmittelalter eine Burg gegeben, die 1107 zerstört worden ist. Heute steht auf dem markanten Endpunkt des Weges ein Kreuz, errichtet 1814 von Anton Graf zu Stolberg-Wernigerode. Die Länge des Weges beträgt vom Tal ca. drei Kilometer, die Höhendifferenz 150 Meter. Die Höhe des Ilsesteins wird mit 474 Metern angegeben.

Auf dem Gipfelgrat entdeckt man als magischer Wanderer eine Reihe von besonderen Felsformen. Das Kreuz am Endpunkt mag einen stören. Am besten man ignoriert es, die alten Geschichten sind vorbei, auch Heinrich Heine muss uns nicht interessieren, denn er war kein Dichter der Naturreligion. Die Naturgeister haben hier oben voll und ganz das Sagen. Die vielen wildmagischen Bäume (Eichen, Buchen, Kiefern, Ebereschen) zeugen davon.

Allgemein wird die Aussicht auf den Brocken und Ilsenburg gelobt, aber man sollte eher links und rechts vom Felsenweg schauen, sich den Felsen und den Bäumen widmen, um die elementaren Kräfte des Granitfelsens zu erspüren. Man kann sich gut seinen verborgenen Platz suchen und die Geschichte und die Gegenwart völlig vergessen.

Adlerklippen

hoch und steil
erheben sie sich

über dem dunklen Tal des
rauschenden Bergflusses

die Klippen des Adlers
des Hüters der Erde

die wilden Eichen
sie hüten die Felsen

sie schauen dir zu
du blickst ins stille Herz

die Kraft des Adlers
seine Verbundenheit

mit den Felsen der
zeitlosen Urzeit

Tal und Felsen
Yin und Yang

ergänzen sich zum
Strom des ewigen

Kreises

Rieselfelder bei Wendeburg (Wasser)

Für viele mag das Gebiet nichts Besonderes an sich haben. Es gibt keinen zentralen Punkt, den man ansteuern könnte. Andererseits kann man das Gebiet als eine Art Anderswelt des Wasser, des Windes und der großen Bäume begreifen.

Informationen:
Das mehrere Quadratkilometer feuchte Gebiet der Rieselfelder befindet sich nordwestlich von Braunschweig, bei Wendeburg. Im Norden wird es von der A2 begrenzt. Im Süden vom Mittellandkanal. Im Osten von der Bundesstraße Celle – Braunschweig. Zahlreiche Fahrwege durchziehen das Gebiet, das vor allem von den vielen Wassergräben und Teichen geprägt ist. Außerdem von den großen Bäumen, den Pappeln, den Weiden und Eichen. Viele Wasservögel sind hier zu finden. Kreisende Milane und Bussarde. Auch einige kleine Baumhaine kann man entdecken.

Man fühlt sich beim Laufen leicht zurückversetzt in eine andere Zeit. Auch wenn es auf den ersten Blick ein von der Zivilisation (Wasserreinigung) geprägtes Gebiet ist, so ist es doch eine Art Ur-Landschaft des Wassers und des Windes, deren zahlreiche Hüter die großen Bäume und die kreisenden Vögel sind. Oft kann man hier einen kreisenden Milan oder einen schwebenden Storch beobachten. So manche alte Eiche, Pappel oder Weide ist ein Baumgigant, den die Menschen seit Jahrzehnten in Ruhe gelassen haben. Man muss keinen bestimmten Weg gehen, sondern sich eher auf das Netz der Wege und Fahrwege einlassen, sich seinen eigenen Weg suchen, mal kürzer, mal länger.

Museumspark, Theaterpark und eine Yin-Yang Anlage

Seit zwanzig Jahren lebe ich auf dem Land und bin nur selten in der Stadt Braunschweig, der nächsten größeren Stadt. Magische Wege und die Großstadt – passt das zusammen? Ja. Man findet auch hier magische Wege.

Informationen:
Hinter dem Herzog-Anton-Ulrich-Museum befindet sich der Museumspark, der sich bis zum Theater erstreckt. Nördlich des Theaters schließt sich der Theaterpark an, der in etwa die gleiche Größe hat. Verschiedene Wege führen durch die beiden Parkanlagen, die mit dem Museum und dem Theaterbau eine klassizistische Gesamtanlage bilden. Überall im Park stehen besondere, gigantische Bäume: Buchen, Eichen, Ahornbäume, Akazien etc. Man kann hier leicht seinen persönlichen Baumhüter finden. Welchen Weg oder Kreisweg man hier geht, ist eigentlich egal, wenn man in stiller, meditativer Weise geht. Die beiden Hügel nördlich und südlich des Theaters sind bemerkenswert. Vor vielen Jahren habe ich diesen Park auch für naturpädagogischen Unterricht genutzt.

Auf dem Herzogin-Anna-Amalia-Platz entdeckt der von Land kommende erstaunte Wanderer eine Anlage für die Geister der Natur. Das Yin wird durch einen fischförmigen Teich repräsentiert, das Yang durch große, ausgewählte Steinblöcke. Dazwischen stehen verschiedene Bäume, vor allem große Pappeln.

Schon vor zig Jahren ist mir aufgefallen, dass es in den Städten oft bemerkenswerte, sehr große und alte Bäume gibt, die man in den Wäldern kaum findet, weil dort alles dem Diktat der Forstwirtschaft untergeordnet ist. In den Parkanlagen geht es um Ästhetik und zweckfreie Schönheit. Somit können sich auch das Wilde und der Charakter der Bäume ganz entwickeln. Die Wege führen in oft geschwungenen Schlangen-Linien durch die Anlage. Wenn man hier einfach so, ohne Ziel herumläuft, wandelt man in einem magischen Naturtempel – und das in einer Großstadt. In einer früheren Zeit hatte man diese Hügel aufgeschüttet, als Wehranlage. Heute ist das lange vorbei. Auch die Zeit der Fürsten ist lange vorbei. Geblieben sind die großen alten Bäume, die Erhebungen und der Lauf des Flusses Oker um den alten Innenstadtbereich herum.

Geht man den schmalen Pfad am Flussufer lang, fällt der Blick auf ein Café mit dem Namen Klio. In der Fassade des Hauses steht sogar eine Figur dieser griechischen Muse.

In anderen Großstädten kann man entsprechende, ähnliche Anlagen finden. Man sollte sie vielleicht einmal ganz bewusst und langsam, entschleunigt sozusagen, mit anderem Blick durchlaufen. Also sie als Naturinseln der Anderswelt sehen und erspüren. Die alten Bäume können einem viel erzählen über die Zeiten und den Wandel der Jahrhunderte.

Wilseder Berg – das *schamanische Herz* der Heide

Die Region um den Wilseder Berg kann man als ein schamanisches Herz der Heide verstehen. Real gesehen ist das Gebiet eher in der Hand der normalen Wanderer und der singenden Kutschenfahrer. Das muss man ignorieren, wenn man hier als Naturmystiker unterwegs ist. Die Leute suchen, auf ihre Weise, auch nur das Ursprüngliche, das Elementare, das Ur-Deutsche, das Heimatliche von Norddeutschland.

Informationen:
Der Wilseder Berg (169 m) liegt mitten im Naturschutzgebiet der Heide. Man kann den Berg von verschiedenen Ausgangspunkt erwandern. Zum Beispiel von Niederhaverbeck aus. Von dort beträgt die Strecke etwa fünf Kilometer. Im ersten Drittel des Weges kommt man an Felder, kleinen Wäldchen, einem dunklen Waldsee vorbei. Danach geht der Weg durch die leere Heidelandschaft und man hat die ganze Zeit einen guten Blick auf den Berg. Hinter dem Gipfel führt der Weg hinunter ins autofreie Dorf Wilsede, eine Art von Dorfmuseum mit alten niedersächsischen Fachwerkhäusern und Straßen mit Kopfsteinpflasterung. Vor dem Dorf jedoch kann man viele besondere Bäume entdecken, vorwiegend Eichen.

Westlich von Niederhaverbeck gibt es schöne, lichte Anhöhen mit einigen Eichen und Kiefern, die eher wenig besucht werden. Dort ist die Landschaft recht leer und man hat einen guten Fernblick über die Heide.

Warum nenne ich es „schamanisch"?

Man kann in dieser Gegend gut schamanische Rituale unterschiedlichster Art (Visionssuche, Medizinradrituale, Medizinwanderung, Erdverbundenheitsrituale, Rituale mit Bäumen und Steinen, an Plätzen der Kraft, Rituale der naturverbundenen Andacht etc.) machen. Die Landschaft bildet dazu den idealen Rahmen: die Hügel, die großen Findlinge, die Eichen, die Kiefern, die Heidschnucken, der Sandboden und der weite Himmel. Rationalisten mögen es als „Heideidylle" abtun, aber das ist ihr Problem. Wer Augen hat, der schaue, kann ich nur sagen. Will sagen: der schaue genau hin!

Der seit einigen Jahren gekennzeichnete Jacobsweg mag gut gemeint sein, aber im Grunde passt er nicht in diese Gegend. Der Andachtsraum in Wilsede ist eher lächerlich, weil er für eine echte Andacht ungeeignet ist. Die Gegend ist einfach nicht christlich. Man kann und sollte nicht überall christliche Zeichen setzen. Eher könnte man einen Hermann-Löns-Weg einrichten, aber das wäre ebenfalls nicht gut. Zumal Löns kein spiritueller Autor gewesen ist.

Das Ursprüngliche sollte ursprünglich bleiben – und das am besten ohne irgendwelche Hinweisschilder, von denen es inzwischen in allen Naturschutzgebieten zu viele gibt. So muss man nicht nur die Heidealkoholiker und teutonischen Horden ignorieren, sondern auch die zu vielen Schilder.

Abseits des Weges, außerhalb des Dorfes Wilsede, findet man seinen Platz. Das Wahre findet man immer abseits des Weges. Tausende gehen daran vorbei und erkennen es nicht. Manchmal ist es ganz nah, nur ein paar Meter. Wer auf schamanische Art und Weise läuft, wird es erkennen.

In der Anderswelt laufen

hier läufst du in der
anderen Wirklichkeit

die schamanische Reise
ist hier real und konkret

du musst nicht trommeln
du musst nicht rasseln

die Traumzeit
ist sichtbar

du kannst sie anfassen
riechen und hören

du kannst sie erfahren
mit allen Sinnen

die drei Räume
des heiligen Weltenbaumes

die Oberwelt die Unterwelt
und die mittlere Welt

hier ist es kein Konzept
sondern einfach die Welt

mit ihren Gesichtern, Geistern
und der Göttin des Lebens

wenn du hier wanderst
wirst du es erkennen

die Steine und Bäume sind
Wesen wie du selbst

die sandige, graue Erde und
der blaue Himmel des Lichts

das ist das ganze Universum
und es gibt nur dieses

die beseelte Landschaft
hat ihre Wunder und Schönheiten

du bist mitten in ihr drin
deine Seele ist verbunden

mit den Eichen und Kiefern
den Wachholderbüschen

den summenden Bienen
und dem kreisenden Bussard

du bist nicht mehr und
du bist auch nicht anders

als der schwarzglänzende
Mistkäfer auf dem Pferdedung

weil alles heilig ist
weil alles Teil der Göttin bleibt

Was ist eigentlich das Echte?

Wenn man einen Ort wie Wilsede besucht, kann man sich fragen, was in heutiger Zeit eigentlich das „Echte" ist. Dieser Ort ist es auf jeden Fall nicht, denn er versucht eine alte Dorfidylle zu bewahren, die niemand in heutiger Zeit in dieser Form lebt. So ist der Ort mehr eine Kulisse für Touristen. Aber eine echte Show, wenn man so will.

Die moderne Kaufhauswelt der Innenstädte, als Kontrast dazu, ist insofern echt, als es eben die Welt ist, in der die meisten Menschen gerne leben und in der sie sich wohl fühlen. Die Welt der Vorstädte mit den kleinen Einfamilienhäusern passt dazu. Eine Welt der echten Künstlichkeit.

Die kleine Ortschaft, in der ich wohne, kann und will nichts Besonderes sein. Sie hat auch nichts Besonderes zu bieten, das Touristen anziehen könnte. So gesehen ist sie echt. Die umgebende Landschaft wird vor allem von der Landwirtschaft gestaltet. Das ist schlicht und einfach die Tatsache.

Hier und da kann die Natur jedoch alles so gestalten, wie sie es will, weil sich niemand für den Platz interessiert. Den Naturmystiker zieht es unweigerlich dorthin. Das gilt auch für die Heide und den Harz. Das Echte findet sich leicht dort, wo der Mensch kein ökonomisches oder ein anderes Interesse verfolgt. Naturreligion ist zwar für die Mehrheit historisch völlig überholt und für viele nur eine schräge Sache, aber der naturreligiöse Mensch findet auch in diesen Zeiten verborgene Stätten für seine spirituelle Praxis. Wenn man es intensiv und ganzheitlich lebt, dann ist es echt, egal, was die anderen dazu meinen. Sie haben ohnehin meist keine Ahnung und sind in arroganter Weise von der Wahrheit ihrer rationalistischen Sicht überzeugt. Das kann und wird auch so bleiben, weil sie andere, neue Geister der Technik verehren, ohne dass es ihnen bewusst ist. Sie sind berauscht von der Magie eines I Pads. Die Magie der alten Steine ist ihnen fremd. *The spirits of Mother Nature*, das ist eben ein alter, indianischer Pfad.

Die heutigen *Indians* sind die Naturmenschen, überall auf der Erde. Sie bilden eine kleine Randgruppe oder sind Einzelgänger, notgedrungen, weil das Kollektiv in die andere Richtung strebt. Aber sie sind echt, wenn sie den Weg authentisch und mit tiefem Gefühl, mit intensiver Liebe für die wilde, die ursprüngliche Natur gehen und leben.

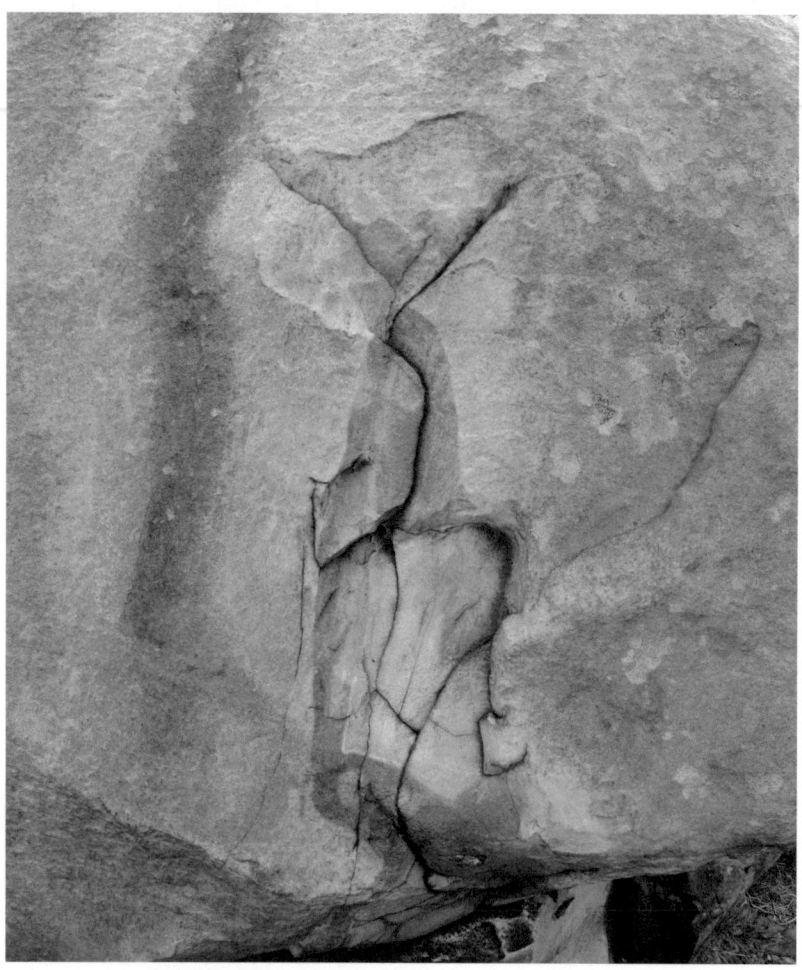

Ganz echt und natürlich, magische Zeichen auf einem Felsen

Magische Wege am Meer

Wege am Meer

Wege am Meer kennen meist zwei Richtungen, die eine und die andere, die linke und die rechte, den Westen und den Osten. Das ist die einfache Tatsache. Das Meer ist immer das große, unendliche Gegenüber, die flüssige, atmende Unendlichkeit. Wir mögen auch sprachlos sein, kein Wort haben für das Wesen, denn es ist ohnehin viel größer und gewaltiger als wir selbst.

> Wangerooge:
> Auf der kleinen ostfriesischen Insel kann man im Wesentlichen in die zwei Richtungen laufen: in den Westen und in den Osten. Das gilt ebenfalls für die anderen ostfriesischen Inseln. Wenn man nicht gerade auf den Steindeichen im Westen der Insel unterwegs ist, kann man sich direkt am Meer oder auch etwas weiter entfernt von der Wassergrenze seinen eigenen Weg suchen.

Wer am Meer läuft, der läuft an einer Grenze entlang. Es ist die Grenze zum Anderen, zur anderen Dimension. Wir kommen zwar letztendlich aus dem Meer, aber das Meer ist nicht unsere Dimension. Wir Menschen laufen über die Erde, über den Sand. Wir atmen die salzige, frische Luft des Meeres. Die Luft ist die Dimension der Möwen und all der Seevögel. Wir schauen ihnen hinterher, laufend auf dem Sand unserer erdverbundenen Existenz.

Man kann beim Laufen am Meer eine Regression zum Ur-Menschen erleben. Das ist kein psychisches Problem, sondern eine transpersonale Erfahrung, die man durchweg als positiv, das alltägliche Bewusstsein erweiternd erlebt. Diese Erfahrung kann so weit gehen, dass man eine Art Depersonalisierung ins Weite und Unendliche erlebt. Wer sie erfahren hat, der weiß, wovon ich spreche. Wer nicht, der reise am besten ans Meer. Sportinteressierte Menschen erleben dies beim Surfen oder beim Kite-Surfen, beim Spiel mit den Wellen und dem Wind.

Abgesehen von der als positiv erlebten Auflösung gibt es die intensive

Verbundenheit und Identifikation mit der elementaren Natur. Man wird und ist nur ein Teil des großen Ganzen, für das man auch keine spirituellen Modelle und Konzepte braucht. Der Wind zerweht diese ohnehin. Begriffe sind wie kleine Sandkörner, die der Wind in den Osten treibt.

Ein richtiges Ziel gibt es beim Laufen nicht. Es mag eine Aussichtsdüne sein, ein Dünenübergang, die äußerste Landspitze, aber das ist bei diesen Wegen nicht wichtig. Wir gehen nur, wir sind nur gehende Zweibeiner an der ewigen Grenze zwischen Wasser und Land, zwischen dem Flüssigen und dem Festen.

Meereswege

Meereswege sind
Grenzwege am Ewigen

das atmende Wesen
ohne Namen

Ebbe und Flut
der ewige Rhythmus

das Meer ist ein
flüssiger Kosmos

ein dunkler Spiegel des
endlosen Universums

du läufst in eine Richtung
es könnte auch die andere sein

du läufst entlang an
der Linie der Flut

Muscheln und Tang
Federn und Plastik

die bunte Perlenkette
auf dem feuchten Sand

die Wege ergeben sich
beim Laufen von selbst

sie kommen und gehen
mit der Bewegung

deine Spuren sind
bald verschwunden

wie gut: du musst
keine Spuren hinterlassen

wenn du den Weg
gegangen bist

wird nichts bleiben
weil alles im Meer

verschwinden muss

Heidewege auf der Insel Wangerooge

Heidewege auf einer Insel in der Nordsee sind anders als die Heidewege der Wildeshausener Geest oder der Lüneburger Heide. Der Wanderer befindet sich auf der Insel und somit atmet er die salzhaltige und energetisch aufgeladene Luft des Meeres. Außerdem hört er das Rauschen des Meeres und die Rufe der Möwen.

Informationen:
Auf der ostfriesischen Insel Wangerooge gibt es mehrere Heidewege westlich und südlich der Ortschaft. Das Gebiet ist nicht sehr groß, vielleicht zwei Quadratkilometer, aber es ist ein wahres Kleinod. Südlich des Ortes führen Wege zum Friedhof, und dahinter zurück zum Dorf. Westlich gibt es einen mehr nördlichen Weg, der bis zur Saline führt. Der südlichere Weg führt parallel dazu in ost-westliche Richtung. Alle Wege zusammen mögen fünf Kilometer ergeben, aber das ist nicht wichtig, weil man die Wege langsam und achtsam gehen sollte.

Hier wandert man im Herzen der Insel. Man spürt es, man fühlt es. Der eigene Herzschlag ist der Herzschlag der Erde, der kleinen Erde im unendlichen Meer, das man immer hören kann. Der Wind und das Rauschen der Wellen erfüllen das Ohr. Dazwischen mal der Schrei einer Möwe oder das aufgeregte Geräusch eines auffliegenden Fasans.

Die Wege ziehen sich durch und über die Dünen, die mit Heidekraut, Kartoffelrosen und Kiefern bewachsen sind. Manchmal führt der Weg unter den Kiefern hindurch. Hier und da findet sich ein alter Bombentrichter, heute ein dunkler, stiller, runder Teich. Durchschnitten wird das Gebiet leider von der drei Meter breiten Straße, die in den Westen der Insel führt, aber es gibt viele verborgene Plätze, wo man die heilige und harmonische Anderswelt finden kann.

Heidewege des Herzens

im grünen Herzen
der kleinen Insel

wanderst du
auf hellen Pfaden

zwischen dem violett
blühenden Heidekraut

und den keltischgrünen
Kiefern der Erdkraft

this is really sacred
du hörst die Stimme

deines indianischen
Meisters der roten Pfade

du lauschst dem Rauschen
des wilden Meeres

deine Augen folgen
dem Flug der Silbermöwe

die Blüten der Rosen
sind Herzen des Wissens

Weg zum Eigentlichen

Den Weg in den Osten der Insel Wangerooge kann man als einen Weg zum Eigentlichen, zum Wesentlichen verstehen.

Informationen:
Vom Inseldorf führt der Weg auf der schmalen Straße bis zum Restaurant Neudeich. Nach dem Deich überblickt man den Schotterweg, der sich zwischen dem Dünenteil auf der nördlichen und den Salzwiesen auf der südlichen Seite in der Ferne verliert. Wer diesen Weg nicht gehen oder mit dem Fahrrad fahren will, hat die Alternative eines Licht-Weges durch die Dünen. Am Ende beider Möglichkeiten geht man auf dem Strand bis zur äußerste Ostspitze der Insel. Länge: ca. 4,4 km.

Was ist das Eigentliche? Das Eigentliche ist die Vergänglichkeit aller Dinge. Das kann man im Osten der Insel mit den Händen greifen, buchstäblich, wenn man die restlichen Steine einstiger Bauten und die Hölzer des ehemaligen Ostanlegers betrachtet und berührt. Alles vergeht, alles verschwindet. Die gigantomanischen Phantasien der Nazis sind verschwunden, die gigantomanischen Phantasien der heutigen Zeit (Windparks, Jade Weser Port) werden auch verschwinden.

Das Bleibende ist nur die sich wandelnde Energie, das Licht. Aber dieses liegt nicht und niemals in unserem Machtbereich. Wir sind nur ein Teil, wir sind nicht das Ganze. Wir sind nur eine Feder im Wind.

Der Weg in den Osten ist eine Meditation über dieses Thema.

Nur eine Feder am Strand

du fährst mit deinem
roten Fahrrad

in den leuchtenden Osten
der langgestreckten Insel

mehr und mehr
lässt du die Welt zurück

den Flugplatz das Restaurant
das Naturschutzhaus

die Schutzhütte und den
letzten Dünenübergang

nach dem Seezeichen
ist nur das Nichts, die Leere

hier wohnen der Wind
und der Austernfischer

hier verliert sich die Zeit
und es bleibt nur

die weiße Feder
am Bogen des Strandes

Weg zum Westen

Der Weg zum Westen ist vielleicht vor allem der Weg zur Dunkelheit, zur Trauer, zum Trauma. Schon vor vielen Jahrzehnten wurde mir dort das Verschwinden der Natur bewusst. Das hat sich leider bis heute nicht geändert, weil die reine, ursprüngliche Natur nicht wirklich ein Anliegen der technologischen Weltkultur ist.

Informationen:
Der Weg in den Westen führt auf der Insel Wangerooge auf der nördlichen Seite über die Straße in den Westen, oder über den kleinen Fahrweg auf dem Deich, der etwa in nordost-südwestliche Richtung zum Westturm verläuft. Der Westturm ist das symbolische Bauwerk der Insel schlechthin. Da die Insel in den letzten Jahrzehnten im Westen sehr viel Sand verloren hat, führen heute viele Wege über Steinpfade. Zwischen der Biegung des großen Steindammes und der Steinmole beim Hafen kann man über Sand gehen. Aber auch hier gibt es einen flacheren Steindamm wegen des Küstenschutzes.

Am Ende werden vielleicht alle Bemühungen des Menschen, das Wandern der Inseln zu verhindern, vergeblich sein. Einst war das eben das Wesen der ostfriesischen Inseln, ihr Wandern. Das gleiche Phänomen findet man im Osten, bei den großen Wanderdünen Ostpreußens. Dünen sind vergängliche Gebilde. Sie entstehen durch Wasser und Wind, sie vergehen durch Wasser und Wind. Das kann und will der Mensch nicht akzeptieren. Also betreibt er einen großen Aufwand, um den gegenwärtigen Bestand der Insel zu halten. Der Küstenschutz kostet Millionen von Euro.

Die Wege im Westen vermitteln dem Wanderer das Thema der Vergänglichkeit, Vergeblichkeit, das zwanghafte Handeln des Menschen, weil er es anders als die Natur will.

Das Vergehen

am Ende wird es
vergeblich sein

das Bollwerk des Menschen
gegen die Strömung

gegen Wasser und Wind
gegen die Zeiten des Wandels

vielleicht wird sie zerbrechen
die kleine Insel

wenn der große Sturm
aus dem Norden kommt

du läufst auf schmalen Sandstreifen
und denkst an Zeiten

als hier noch viel mehr
Sand gewesen war

als hier noch mehr Natur
und weniger Menschenwerk

man kann die Wandlung
niemals aufhalten

man muss es hinnehmen:
das endlose Vergehen

Weg zum reinen Strand

Selten bin ich einen Weg gegangen, an dessen Ende ich in einer reinen Welt gelandet bin. Sicher, unser Verstand meldet sich mit seiner Skepsis, was „Reinheit" betrifft, aber hier habe ich sie konkret erfahren.

Informationen:
Der Weg verläuft in ost-westliche Richtung auf der Insel Amrum. Etwa in der Mitte zwischen dem Ort Nebel und dem Ort Norddorf gibt es einen Parkplatz. Von dort führt der Weg durch einen Wald zur Vogelkoje Meerum. In der Nähe eines Steingrabes gibt es archäologische Stätten und wüstenartige Gebiete. Weiter geht der Weg auf Holzbohlen durch die Heidekrautdünen zum Quermarkenfeuer. Von dem Leuchtturm hat man eine weite, gute Aussicht. Der Weg endet an der westlichsten Spitze von Amrum. Länge des ganzen Weges: 4,5 km.

In der Nähe des Steingrabes gibt es leere, sandige Gebiete. Ideal für Medizinradrituale geeignet. Natürlich für kleine, bescheidene Medizinräder. Alles sollte man so ursprünglich hinterlassen, wie man es vorgefunden hat.

Der Bohlenweg zum Quermarkenfeuer ist ein magischer Holzpfad durch die Heidekrautdünen. Auch wenn er von Menschen geschaffen worden ist, wirkt er doch in seiner schlangenartigen Form äußerst magisch. Der Aussichtspunkt wird für die meisten Wanderer der Höhepunkt sein, weil man weit über die Inseldünen und den sehr breiten Strand blicken kann. Nach dem steilen Abstieg zum Strand läuft man in eine sehr leere, teilweise sehr unberührte Gegend hinein. Eine besonders magische Stelle habe ich mal den „Strand der Weißen Tara" getauft, weil er rein, ursprünglich und weiß wegen der hellen Muscheln wirkte.

Steinkreis in den Dünen

versteckt in einem Tal
zwischen den Dünen
hinter einem Steingrab
aus uralten Zeiten

liegt ein kleiner Kreis
der Steine der Eiszeit
mit einer braunen Feder
vom Bussard der Hügel

niemand wird ihn finden
den kleinen Kreis denn
er dient nur der Einheit
von Himmel und Erde

versteckt und verborgen
so soll es sein für immer
versteckt und verborgen
die Harmonie des Tals

hier leben nur Gräser
und wilde Kaninchen
hier fliegen und kreisen
die lachenden Möwen

hier leuchtet das Licht
das gelbe des Sandes
hier leuchtet der Himmel
der blaue des Meeres

Strand der Weißen Tara

dort draußen
in der Weite des Westens
in der Weite des Strandes
wo kaum einer läuft

wo die Dünen entstehen
und wieder verschwinden
mit dem Wind des Meeres
dem Wind der Zeiten

dort draußen
leuchtet der Strand
der Weißen Tara
rein und leer

weiß und hell leuchten
die vielen Muscheln
und der helle Sand
der Düne des Windes

Licht und Sonne und Sand
Himmel und Erde
sie formen die Quelle
der sanften Harmonie

alles lebt und fließt
in der Einheit des
goldenen Lichts und
dem Rauschen des Meeres

bist du dort
dann weißt du alles
über Leben und Tod
und die Quelle
des Lichts

bist du dort
dann brauchst du
keine Wörter
denn du fühlst
den Klang der Welt

bist du dort
ist alles neu ist
alles frisch und lebendig
wie der reine Beginn
von Himmel und Erde

die Reinheit gilt es
neu zu erfahren
zu lernen den Weg
ohne Spuren

don't leave any footsteps
sagte der alte Mann
geh durch die Natur
wie der Wind
wie der Fuchs

am Ende ist alles wie zuvor
und das Heilige bleibt

Magische Wege in der näheren Umgebung

Die nähere Umgebung

Man sollte für seine spirituelle Praxis möglichst alles in der näheren Umgebung haben, also bis circa zehn Kilometer etwa. Diese Strecke kann man zu Fuß oder mit dem Fahrrad gut bewältigen. Hat man in der näheren Umgebung verschiedene Plätze mit unterschiedlichem Charakter, dann kann man dort zu bestimmten Zeiten seine Rituale durchführen.

In manchen Kreisen ist oft von fernen Ländern die Rede gewesen, Nepal, Peru, Mongolei, Hawai etc. Das kam mir schon immer merkwürdig und falsch vor. Man kann und soll von anderen Ländern und Kulturen lernen, aber man lebt nicht in der Ferne, sondern in einem kleinen Umkreis. So wie man im ökologischen und wirtschaftlichen Bereich viel mehr in lokalen, dezentralen Dimensionen denken sollte, so sollte man es auch im spirituellen Bereich.

Von der näheren Umgebung lernen, sie würdigen und achten, ihren Wert erkennen und mit den Naturgeistern dort arbeiten und leben. Und wenn es nur der eigene Garten oder der Friedhof auf der anderen Straßenseite sein sollte. (Ich wohne tatsächlich gegenüber dem Friedhof.) Sollte einem die eigene Umgebung überhaupt nicht zusagen, dann würde ich einen Umzug empfehlen. Sei es an den Stadtrand oder in ein kleines Dorf.

Öselberg (Feuer, Sonne)

Der Öselberg ist ein kleiner indianischer Berg. Indianisch bedeutet, dass man hier sehr gut zur Sonne und zum Großen Geist beten kann, weil man hier in alle Himmelsrichtungen blicken kann.

Informationen:
Der Öselberg (156 m) liegt südlich von Klein Denkte, einem kleinen Ort südlich der Stadt Wolfenbüttel. Der Kalkstein-Berg, bzw. das ganze erhöhte Gebiet (etwa zwei Quadratkilometer), liegt zwischen der Asse auf der östlichen Seite und dem Oderwald auf der westlichen Seite. Beide Waldgebiete kann man vom Öselberg aus sehr gut sehen. In südliche Richtung blickt man direkt auf den Gipfel des Brockens, der von hier aus ebenfalls sehr gut zu sehen ist. In nordwestliche Richtung blickt man auf den südlichen Teil von Wolfenbüttel. Man kann neben dem Weg zum Gipfel verschiedene Wege verfolgen. Südlich vom Öselberg befindet sich ein kleiner Parkplatz. Von dort kann man am besten starten.

Der kleine Gipfel eignet sich gut für indianische Rituale: Abendrituale, wenn man die untergehende Sonne beobachten will; Rituale zum Sonnenaufgang, wenn man die Sonne über der Asse aufgehen sehen will; Vollmondrituale, wenn man nachts etwas unternehmen möchte.

Der Öselberg ist geradezu ideal für die Visionssuche.

Der westliche Teil des Landschaftsschutzgebietes ist weniger bewachsen, viel Magerrasen, grasende Schafe; auf der östlichen Seite befindet sich ein magisches Waldstück, Schwarzkiefern, verschiedene Laubbäume, teilweise kaum zu erwandern. In dem ganzen Gebiet haben vor allem Tiere ihre Pfade! Der Buschwald ist wegen der Dornenbüsche undurchdringlich. Nördlich, ein paar Meter unterhalb des mehr kahlen Gipfels steht eine mittelgroße Eiche, ca. acht Meter hoch. Sie ist hier der zentrale Baum (der sacred tree) des Öselberges.

Auf der westlichen Seite fällt der Berg recht steil ab. Dort stehen oft Männer und lassen ihre Spielzeugflugzeuge fliegen. Das ist ihre Kinder-Art des „Indianischen", wenn man so will. Die aufsteigenden Winde gefallen auch den Milanen, die hier gerne kreisen.

Öselberg

wildes Bergherz
zwischen den Wäldern

des Ostens und Westens
und kleinen Dörfern

wilder Kalkhügel
der heiteren Sonne

und der weiten Runde
des blauen Himmels

auf einer Achse
kannst du blicken

zum hohen Berg
der Großen Mutter

du folgst den Kreisen
des fliegenden Milans

du folgst den
schmalen Pfaden

und suchst deine
grüne Vision

Kornfelderwege

Sind Kornfelder, sind die Wege zwischen und durch oder über die abgeernteten Kornfelder magisch? Für denjenigen, der nur besondere Wege in Felsen oder im Wald sucht, vermutlich nicht. Aber vielleicht ist er auch nie durch reife Kornfelder gegangen.

Informationen:
Ich wohne im Urstromtal. Auf der nördlichen Seite befindet sich das nicht sehr hohe Waldgebiet des Elms, auf der südlichen Seite der Fallstein. Dazwischen jede Menge großer Kornfelder. Wenn das Korn reif ist und die Felder abgeerntet werden, dann sieht es aus wie in der Prärie. Die Mähmaschinen wirken wie langsam dahingrasende Mammuts. Zwischen den großen Feldern kann man endlos dahinwandern. Oder man nimmt sich sein Mountainbike und radelt viele Kilometer auf Feldwegen, Feldstraßen oder sogar über abgeerntete Felder. Wenn das Korn noch steht, dann kann man auch auf den Fahrspuren der Landmaschinen laufen.

Das Magische sind vielleicht weniger die Wege, sondern die Tatsache, wie wichtig die Ernte ist, und am Ende das tägliche Brot. Das Brot ist das Magische, ist das Leben, ist die Urkraft des Urstromtales. Beim Wandern durch die Kornfelder kann man sich damit gut verbinden, mit der Urkraft der heiligen Erde. Ohne die Erde und das Geschenk der Nahrung sind wir nichts, gar nichts. So wandern wir demütig und dankbar dahin. Vielleicht begegnet uns ein Hase, vielleicht schauen wir einem Bussard hinterher. Alles ist heilig hier. Die Schattenseiten der Landwirtschaft müssen uns jetzt im Hochsommer nicht beschäftigen. Jetzt spüren wir die Sonnenkraft am Himmel und auf den weiten Feldern. Jetzt spüren wir die goldene Kraft des Weizens.

Vision Hill (Luft)

Der von mir so genannte Vision Hill ist ein Gebiet, das ich seit zwanzig Jahren am meisten besucht habe, zu allen Tages- und zu allen Jahreszeiten. Es ist das Gebiet, das ich somit am besten kenne.

Informationen:
Der Vision Hill ist eine Kalksteinhügelkette nördlich und westlich des kleinen Ortes Uehrde. Auf den offiziellen Karten finden sich dort die Eintragungen Mühlenberg und Hohe Leiter. Die höchste Erhebung befindet sich kurz vor der Ortschaft Berklingen, 174,6 Meter. Auf dem lang gestreckten Hügel befinden sich Magerwiesen, Büsche und kleine Wäldchen. Zahlreiche Kuhlen lassen vermuten, dass dort vor Jahrhunderten Kalksteine für den Häuserbau abgebaut worden sind. Auf der südlichen Randseite der Hügelkette führt ein Fahrweg bis zur Bundesstraße zwischen Berklingen und Semmenstedt. Von diesem Weg aus hat man einen Fernblick auf den Brocken, die Harzer Berge, die Asse und den Huy. Seit dem Jahr 2000 gibt es zahlreiche Windräder. Über die Anhöhe der Hügelkette führen verschiedene, schmale Wege, wobei es sich oft nur um Tierpfade handelt.

Wenn man Wege über zwei Jahrzehnte verfolgt, dann hat man eine Geschichte für sich. Der Vision Hill ist nur ein Teilstück eines größeren Gebietes, das sich vom Heeseberg im Osten bis zur Asse im Westen erstreckt. Vor zig Jahrtausenden hat sicher ein Traumpfad alles miteinander verbunden. In den Tälern werden Wisente gegrast haben, und die Neanderthaler werden auf den Pfaden gelaufen sein. Das ist sehr, sehr lange her. Wer aber heute mit wachen Sinnen die Wege verfolgt, wird die alten Zeiten noch spüren können. Der Vision Hill ist heute ein übrig gelassenes Ödlandgebiet, das unter Landschaftsschutz steht. Am nördlichen und südlichen Rand beginnen die großen Kornfelder.

Weg auf dem Vision Hill

Traumpfadhügel

über den Hügel
des Urstromtales

zieht sich der alte
Traumpfad

zwischen dem Lichtberg
des Ostens und den

dunklen Wäldern des Westens
der Weg der offenen Weite

der Weg der Winde
die aus dem Urmeer

herein wehen
in die heutige Zeit

die gigantischen Mammuträder
fangen die Kraft der Winde

aber der Traumpfadläufer
lebt in einer anderen Zeit

in der Zeit der Trommel
und des kreisenden Milans

in der Zeit der ziehenden Wölfe
und der Züge der Kraniche

Alte Kirschbäume

schon vor vielen Jahren
aufgegeben die alten Gärten

mit den Kirschbäumen
alles unrentabel

lohnt alles nicht mehr
die Besitzer längst verstorben

heute kleine Wäldchen
verwilderte Kirschbäume

knorrige alte seltsame
Ahnenbäume

hinter den Büschen
hinterm gemähten Rapsfeld

alles vergessen
nur die Jäger haben ihre

Hochstände hier
die Jäger sind überall

sonst kommt nur
der Fuchs vorbei

auf seinen Streifzügen
über die leere Anhöhe

die ein idealer Platz wäre
für ein Medizinrad

mit weiter Blickrunde
in alle Richtungen des Himmels

und zum Gipfel der
Großen Mutter

im Süden wo
der Bussard kreist

Mein Feldweg

Von dem Philosophen Martin Heidegger (1889 – 1976) gibt es eine kleine Schrift mit dem Titel „Der Feldweg", 1953. Weder die Schrift noch mein eigener Feldweg sind spektakulär. Es geht um das Elementare, das ganz Einfache. Es geht um Heimat und um Verwurzelung.

„Wenn die Rätsel einander drängten und kein Ausweg sich bot, half der Feldweg." (Heidegger, S.1)

Information:
Mein Feldweg beginnt mitten im Ort Uehrde, beim Friedhof bzw. bei der roten Bank gegenüber des Weges, der zur Kirche und zum Friedhof hinauf führt. Der Weg geht dann auf der Kirchstraße bis zum Rand des Ortes, dort steht eine Kastanie, ca. 6 Meter hoch, weiter bis zum Sportplatz mit dem Ehrenmal für die toten Soldaten der Kriege, wo eine zweite rote Bank steht. Hinter dem Sportplatz führt der Weg entlang an einer alten Kirschbaumplantage. Danach gibt es eine dritte rote Bank, von der man den besten Blick auf den Brocken hat. Nach einem weiteren alten Kirsch- und Pflaumenbaumgarten führt der Weg weiter in westliche Richtung, vorbei an einer kleinen Esche inmitten der leeren Landschaft, leicht ansteigend bis zu einer Anhöhe, von der man den nächsten Ort sehen kann. Neben dem Weg liegen viele Steine, die auf den Feldern eingesammelt und hier hingeworfen worden sind. Eine kleine Esche ist bemerkenswert. Hinter der Anhöhe befindet sich eine Anlage der Wasserversorgung. Dort stehen einige kraftvolle Schwarz-Kiefern. Länge: ca.2,5 km.

Zweiter Teil:
Hat man die Anlage der Wasserversorgung erreicht, geht der Weg abwärts bis zur Bundesstraße 82. Auf der rechten Seite passiert man ein dichtes Fichtenwäldchen, dahinter eine Pferdekoppel. Ein Stück muss man die Bundesstraße in nördliche Richtung gehen, dann führt der Weg auf der linken Seite weiter und steigt wieder an, zunächst allmählich, später etwas mehr zwischen den Buschreihen. Am Ende sieht man den

alten Galgenhügel, auf dem sich eine Linde befindet. Um die Linde herum hat man eine sechseckige Holzbank errichtet. So kann der Wanderer bequem sitzend in alle Himmelsrichtungen schauen. Von hier aus überblickt er den weiten Feldweg bis Uehrde – und weiter bis zum Heeseberg im Osten. Im Süden sieht er den Harz und den Brocken, im Westen den Wald der Asse, im Norden den Höhenzug des Elms. Länge: ca. 2 km.

Ich nenne diesen Weg oft auch meinen „Jacobsweg", weil man ihn sehr gut für spirituelles, meditatives Laufen nutzen kann. Das Singen eines Mantras ergibt sich von allein, ganz natürlich. Immer hat man einen Blick in die unendliche Ferne von diesem Weg aus. Man ist somit unterwegs in die Ferne und Weite. Man könnte weiter und weiter in westliche Richtung gehen.

Der Weg ist auch ein Reinigungs- und Lösungsweg. Man kann sich seine Sorgen aus dem Kopf wandern. Vor allem kann man diesen Weg immer gehen, zu allen Jahreszeiten, wenn man, wie ich, in Uehrde wohnt. Aber ich denke, dass es überall solch einen Weg, solch einen „Feldweg" gibt. An allen Orten, an denen ich gelebt hatte, hatte ich solch einen Weg. Z.B. bei Bovenden, nördlich von Göttingen, wo ein Weg zum Lohberg führte, auf dem sich ein alter jüdischer Friedhof befand. Auch in der Stadt findet sich solch ein Weg, auch wenn er hier natürlich nicht „Feldweg" heißt. Ich hatte jahrelang mitten in der City von Göttingen gelebt, in der Nähe des berühmten Gänselieselbrunnens. Dort gibt es einen magischen Rund-Weg auf den Wallanlagen der Stadt.

Mein Feldweg ist kein besonderer Weg. Das Magische ist in diesem Fall eben das total Einfache und Elementare, das Heimatliche und die Verwurzelung mit der Heimat.

Das Labyrinth der Feldwege

Es gibt nicht nur einen Feldweg, es gibt viele Feldwege. Das Dorf liegt in einem Netz von Feldwegen. Manche Wege führen zum nächsten Dorf, manche zu einem kleinen Gehölz, manche nur in eine Sackgasse. Manche führen in einem weiten Bogen in die Ferne und wieder zurück zum Dorf Uehrde, das immer in der Mitte liegt, an der Südseite einer Hügelkette, die von Osten nach Westen verläuft. Und in der Mitte des Dorfes steht der heilige Baum, die heilige Buche.

Im Hochsommer ist die beste Zeit die Feldwege abzulaufen oder mit dem Rad abzufahren, wenn man mehr Kilometer schaffen möchte. Man kann dann die vielen Fahrspuren der Mähdrescher auf den Getreidefeldern dazu nehmen. So erhöht sich die Anzahl der Feldwege ins Unendliche. Die vielen Mäuse haben auch ihr unendliches Labyrinth von Mäusepfaden.

Im Hochsommer, wenn der Himmel blau ist und nur von den höchsten, den zart gewebten Wolken verziert wird, kann der Blick über die Weiten schweifen, neue, andere Blicke auf die Felder, die Bäume, das Dorf, die Windräder und das ganze Land des Urstromtales werfen. Alles atmet die Luft von Erde, Heimat, Boden und dem Brot des Lebens. Alles ist neu und gleichzeitig vertraut seit Generationen.

Das Labyrinth der Feldwege hat kein System. Es ist kein kretisches Labyrinth. Es wurde nicht künstlich geschaffen. Es hat sich durch Arbeit und Leben ergeben.

Assekamm-Weg

Der Kammweg über die Asse, das kleine Gebirge bei Wolfenbüttel, ist ein magischer Weg für Romantiker, zurück in die Welt der Waldmärchen.

Informationen:
Zwischen Groß Denkte und Mönchevahlberg führt eine Stichstraße zum Freizeit- und Bildungsheim „Freundschaft". Vom Parkplatz auf der linken Straßenseite geht der Weg auf der schmalen Straße vorbei an einigen Pferdekoppeln. Auf der rechten Seite sieht man einen grünen Hügel mit zwei markanten Bäumen. Zunächst führt der Weg etwas steil aufwärts durch ein Waldstück mit Schwarzkiefern, dann weniger steil bis zum Kamm der Asse. Die Höhendifferenz mag circa 40 Meter betragen. Der Kammweg, der durch dichten Buchenwald führt, hat keine nennenswerten Höhendifferenzen. Die Länge des gesamten Kammweges beträgt etwa fünf Kilometer.

Die kraftvollen Schwarzkiefern am Beginn des Weges sind sehr schön und der Wanderer kann sich über diese Bäume nur freuen. Der Ausblick auf die Pferdekoppeln und das Land im Westen, man kann den Öselberg und den Oderwald sehen, ist einfach romantisch – ganz im Sinne der deutschen romantischen Dichter wie Eichendorff.

Oben auf dem Kamm führt der Weg durch schönen, dichten Buchenwald mit so manchem magischen Baum. Hier und da kann man verweilen. Einfach in den Wald schauen. Das allein kann einen hier bereits erfüllen, denn der Wald wirkt ursprünglich, in Ruhe gelassen; er konnte sein Wesen und seinen Charakter frei entfalten. Je weiter man auf dem Weg in südöstliche Richtung geht, desto mehr wandert man gewissermaßen in der Zeit zurück.

Asseweg

denke nicht an die Berichte
in den Medien schiebe

ganz zur Seite was da liegt
unter dem Gebirge

hier oben auf dem Kamm
wachsen die starken Kiefern

hoch in den Himmel
die Buchen hüten den

schattigen Pfad
in die grüne Welt

ein Weg aus alten Zeiten
ein Weg zurück

in die Zeiten der
dunklen Wälder

der heiligen unberührten
der wildschönen

und irgendwann
findet hier jeder

seinen magischen
Baum

Die Geister des Meeres

Das wilde Meer

das Rauschen der wilden Wellen
ist schön und gefährlich

es zerstört die Insel
immer ein wenig weiter

die Wellen sie schlagen
an den Steinschutz der Menschen

sie wird verschwinden, deine Insel
denn es steigt der Spiegel des Meeres

und die wilden Winde des Himmels
werden zeigen ihre Kraft

das graue Meer ist eine Kali
das Geschaffene verschwindet

ewig ist nur das Rauschen
sonst nichts

am Ostende von Wangerooge

Nichts mehr

hier ist nichts mehr
nur Dünen und Sand

der Ostanleger, aufgegeben,
vor Jahrzehnten schon

die Ostbarke ist nun
auch verschwunden

hier verschwindet alles
in der weiten Leere

hier ist nichts mehr
kein Schild, kein Zaun

hier weht der Wind
mit dem gelben Sand

Muscheln liegen hier
Steine und Federn

auch tote Möwen
und weiße Knochen

hier ist nichts mehr
nur der leere Horizont

die Zeit anhalten

die Vergangenheit ist nicht wichtig
die Zukunft hat keine Bedeutung

das Meer bleibt das Meer
der Wind weht übers Wasser

das Kreuz auf der Düne
steht im Winde für immer

von der höchsten Düne
kannst du übers Meer schauen

über die Insel des Delphins
heute und immer

im Moment der grünen Stille
gibt es keine Zeit

dein Leben ist wie der
kurze Flug der Silbermöwe

dein Leben ist eine
kleine Welle des blauen Ozeans

ein Teil nur der Wolken
des ewigen Himmels

Himmelsbestattung

du kennst es aus Tibet
auf einer Anhöhe zerlegt man

den Körper des Toten und
überlässt ihn den Geiern

den Seglern des weiten
großen Himmelszeltes

wir scheinen die Toten
nur in Särgen und Urnen

unter Steinen zu ertragen,
auf dem Inselfriedhof

nur die tote Möwe
liegt einfach auf dem Sand

ihr Körper zerfällt
an der frischen Luft

das ist schön
weil es natürlich ist

so löst sie sich auf
im Kreislauf des

Lebens

Die Geister des Meeres

du kannst trommeln
du kannst singen

sie haben keine Namen
die wilden Geister des Meeres

du kannst sie fühlen
im Wind der Wellen

du kannst sie hören
im Schreien der Möwen

Wörter sind abgegriffen,
eine neue Sprache wäre gut

ein ganz andere,
neu erfundene Sprache

wie bei den Aborigines:
neue Wörter für neue Dinge

beim Trommeln
erfindest du neue Wörter

aber es versteht sie keiner
du kannst sie nicht aufschreiben

trommeln muss man selber
singen muss man selber

am Strand im Rauschen
des ewigen Meeres

das keine Zeiteinteilungen
kennt und keine Grenzen

die Geister sind wie
die Zeichen der fliegenden Möwen

am Himmel, wie die Rufe
der Austernfischer,

wie der rüttelnde Falke
über den Dünen

du musst singen
und tanzen mit dem Wind

du kannst die Geister
nicht kaufen und verkaufen

die Geister des Meeres taugen nicht
für esoterische Geschäfte

sie taugen nicht für Vermarktung
nicht für die Ängstlichen

sie sind wild und unberechenbar
wie das Wetter und der Wind

du musst mit ihnen tanzen
du musst mit ihnen fliegen

trommeln musst du
singen musst du

nicht drinnen im Zimmer

sondern draußen in der Weite

draußen bei den Wellen
mit dem Wind im Gesicht

mit dem alten Rauschen
des Universums in den Ohren
wie ein alter Aborigine der
in der Traumzeit lebt

der nicht nur denkt oder schamanisch reist
sondern in der anderen Welt lebt

dein Zuhause ist der Raum der Geister
der Geister des Meeres des Windes

*

deine Seele sie jagt und fliegt
wie die Seeschwalben

in die Ferne der Weite
hinaus ins wilde Reich

des Windes

Der Autor, trommelnd am Nordstrand von Wangerooge

trommelnd am Strande des Meeres
rufst du die Mutter der Tiere

singende Wale Delphine
hörst du im Herzen beim Trommeln

Stimmen des Meeres die schönen
leuchtende Klänge vergangener Zeiten

Zeiten der Rhythmen der Erde
tanzende Kinder des Feuers

Rhythmen der Sonne des Mondes
atmende Fluten und Ebben

heilende Winde des Westen
Stille in Nächten und Tagen

Sterne des Meeres die Mütter
Zeiten vor Menschen des Kopfes

tanzende Geister der Möwen
lachende Geister des Windes

trommelnd am Rande des Meeres
heilt dich die Mutter der Weisheit

atmendes lebendes Wasser der Erde
kosmisches Rauschen aus uralten Zeiten

weiter und weiter und endlos im Strömen
durch dich und alles das lebend auf Erden

Grenzen verschwinden Gedanken auflösend
Geister sind Wolken im Winde des Meeres

Gott ist die Weite des Himmels und niemals die Enge im Herzen
Geister des Meeres und Geister der Winde umwehen die Erde

große Spiralen im Kosmos sie kreisen unendlich im Leeren
Kommen und Gehen und Leben und Sterben
vollenden die Kreise

Literaturverzeichnis:

1. O'Donohue, John: Echo der Seele. Von der Sehnsucht nach Geborgenheit. München 2008
2. Heidegger, Martin: Der Feldweg. Frankfurt am Main 1975
3. Hermann, Paul: Deutsche Mythologie. Berlin 2007
4. Herrmann, Paul: Nordische Mythologie. Berlin 2007
5. Ingerman, Sandra: Auf der Suche nach der verlorenen Seele. Kreuzlingen 1998
6. Kalweit, Holger: Liebe und Tod. Vom Umgang mit dem Sterben. Burgrain 2006
7. Lame Deer, John Fire: Tahca Ushte, Medizinmann der Sioux. München 1999
8. Lao Tse: Tao-Te-King, Das heilige Buch vom Weg und von der Tugend, Stuttgart 1974
9. Martin, Anne Christine und Stefan Feldhoff: Mystische Pfade im Harz. 38 Wanderungen auf den Spuren von Mythen und Sagen. München 2012
10. Osho: Das Buch der Geheimnisse. Köln 1992
11. Plotkin, Bill: Soulcraft. Die Mysterien von Natur und Seele. Uhlstädt-Kirchhasel 2005
12. Plotkin, Bill: Nature and the human soul – cultivating wholeness and community in a fragmented world. Novatzo 2008

Rucksack:
Im Rucksack eines spirituellen „Wanderers" sind natürlich neben den üblichen Dingen wie Wasserflasche und Essen eine kleine Trommel, Chinkas (tibetische Zimbeln), eine Pfeife, Tabak, Stoffstreifen etc., also Dinge, die man für ein indianisches (oder anderes) Ritual gebrauchen könnte.

Fotos:
Alle Fotos sind vom Autor. Logischerweise nur eine kleine Auswahl einer Vielzahl von Fotos.

Wolf E. Matzker, geb. 1951. Mystiker, Dichter und Künstler. Kunst: magisch-realistische Ölbilder von Tieren und Landschaften, spirituelle Elementarkunst in wilder Natur, Ritualkunst. Der Autor erforscht, lebt und praktiziert spirituelle Wege seit seiner Jugend (Mystik, Schamanismus, tibetischen Buddhismus u.a.). Er hat sich schon immer für eine Synthese und Weiterentwicklung der spirituellen Systeme und für eine authentische, freie Naturreligion eingesetzt. Dabei sind ihm die Würdigung und Freiheit der menschlichen Seele und die multidimensionale Entfaltung des Bewusstseins immer wichtig gewesen.

Wangerooge – Seeleninsel, naturmystische Gedichte, 2010.
Schamanismus als moderne Naturreligion – Grundlagen und Wege eines spirituellen Schamanismus, 2010
Der Geist der spirituellen Erfahrung, 2010
Die Kraft des Schöpfers, 2011
Die Unsterblichkeit der Seele, 2011
Schamanische Wege zum Brocken, Über Deutschlands heiligen Berg der Dichter, Maler und Naturverehrer, 2013
Weitere Informationen unter: www.visionhill.de

Ritual am Ende eines Weges – 5 Stoffstreifen für die 5 Dhyani-Buddhas

Ritualplatz am Meer, Stoffstreifen, Federn, Knochen, Muscheln

alle magischen Wege des Lebens
kommen vom Meer
und enden dort